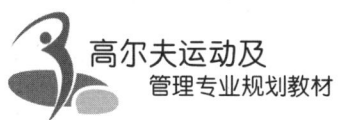

高尔夫球
服务心理实务

主　编　魏忠发
副主编　李　芳　李国婷　穆　雪
参　编　董德杰　王　鹏
　　　　杨伟红　郑　丽

北京·旅游教育出版社

高尔夫运动及管理专业规划教材
编委会

主　任　韩烈保

副主任　（以姓氏笔画为序）

方法林　刘启亮　刘沛恩　孙　跃　孙巧耘
纪　春　李良忠　吴兰卡　何　莽　张　鹏
陈奕滨　金克林　周国庆　姚　远　常智慧
彭春江　詹国勇　魏忠发

委　员　（以姓氏笔画为序）

于　华　马　龙　王　伟　王晓俊　王　鹏
方敏彦　尹淑霞　朴　红　吕晓庄　刘　恺
刘文星　安铁民　孙小猛　杜玉珍　杨　帆
杨伟红　李　芳　李国婷　李　佳　李红丽
李如跃　李存焕　李毓明　吴　丹　吴一尘
肖　雷　肖相霍　肖康璞　何　峰　何幼鸢
张　敏　张松平　张建堂　陈　明　陈　炜
陈朝阳　罗大强　周华庭　周徐娜　郑　丽
郑　青　孟庆革　柳　柳　胡　勃　赵志明
钟璧蔚　俞　威　费　凌　骆　娟　郭泽钊
姬承东　黄代华　黄志勇　黄登峰　曹志强
梁　红　梁小红　梁景春　董德杰　蒋小丰
蒋书君　谢　芳　谢向阳　裴智君　潘永刚
穆　雪

PREFACE 序

高尔夫，继成为亚运会、奥运会比赛正式项目之后，也于2013年正式成为我国全运会的比赛项目，这标志着我国高尔夫运动进入了一个新的发展里程。2014—2016年，中国高尔夫行业在经历一个清理、整顿的严冬之后，开始进入了一个规范、有序、健康发展的新时期。

国家相关政策的不断调整和完善、国民经济的不断发展和人民生活水平的不断提高，必将大大推动高尔夫运动在我国新一轮的快速发展。高尔夫覆盖人群的日渐扩大、普及率的不断提高，带动了行业内众多环节的连锁性发展，比如更多高尔夫球场的建造、高尔夫相关产品制造业的繁荣、从业人数的增加以及高尔夫教育产业的发展等。

总体来讲，我国高尔夫运动还处于发展的初级阶段。据统计，截至2017年1月22日，全国已建有高尔夫球场683家，经清理整顿后，496家球场予以保留。针对这些球场，仅基层从业人员缺口就接近4万人，更不用说具有专业高尔夫背景和多年从业经验的中高级管理人才了。与此对应的是，我国高尔夫教育也处于刚刚起步阶段。主要体现在开设高尔夫专业的院校数量不多，专业成立时间较短，学科建设不成熟，师资教材相对匮乏。自从深圳大学1995年创办我国首所高尔夫学院后，陆续有近百所院校开设了高尔夫相关专业。但由于目前高尔夫方向还没有纳入国家高等教育专业目录，更没有专业教育指导委员会，各高校都将高尔夫作为体育、管理和草业专业学科下的一个学科方向，即高尔夫运动方向、高尔夫管理方向和高尔夫草坪方向。作为一个新的专业方向，近些年高尔夫教育在我国虽然取得了一定的成效，但在教育理念、教育模式、课程设置、教材质量及师资力量等方面尚存在诸多的问题，与行业对人才培养的实际需求还存在一定的差距。

本书将心理学知识应用于球场服务人员（尤其是球童）的日常工作中，旨在帮助球童在与球员沟通与交往、对客服务中灵活地运用心理学的方法，快速地学会读人、识人，用眼睛洞察一切可以看到的细节，读懂球员内心深处的微妙心思，并做出精准的判断，从而更好地为每一位球员提供最佳的服务。可以说，本书中的每一个服务技巧都是球童日常工作中常用的，使球童在对客服务及人际交往中得心应手，轻松应对，从而掌握工作的主动权。

本书由辽宁职业学院高尔夫学院会同黑龙江冰雪体育职业学院、铁岭龙山高尔夫培训俱乐部有限公司等单位共同策划编写，编写队伍既包括从事一线专业教学的高校教师，也有在俱乐部从事管理、运营、培训及直接对客服务的行业精英。校企互通有无，使本书具有更佳的角度和深度；在编写过程中编者也得到了辽宁省高协及辽宁职业学院各方领导的大力支持。崔明先生给予了相关素材并对编写提出了中肯的建议，同时，我们也参考借鉴了深圳大学王晓钧教授编著的《高尔夫心理学》一书的相关内容，在此一并表示感谢！

本书由魏忠发副教授策划并主编，李芳、李国婷、穆雪三位老师担任副主编，董德杰、王鹏、杨伟红等几位老师参与编写，铁岭龙山高尔夫培训俱乐部有限公司运作部总监郑丽也参与了本书的编写。全书由魏忠发最后统稿和定稿。

由于时间比较仓促，再加上编者水平有限，谬误之处难免，恳请同行专家与读者批评赐教。

编　者

2018 年 8 月

目录 CONTENTS

第一单元　高尔夫球服务心理基础 / 1

模块一　心理学概述　/2

　　一、心理学定义　/2

　　二、心理学的起源　/2

　　三、心理学研究的对象　/3

模块二　高尔夫球服务心理概述　/4

　　一、高尔夫球服务心理的定义　/4

　　二、高尔夫球服务心理研究的对象　/5

　　三、打球球员心理研究的方法　/6

　　四、高尔夫球服务心理研究的基本原则　/7

　　五、高尔夫球服务心理研究的意义　/8

　　【拓展阅读】学生的个性差异　/9

第二单元　心理学在球童服务领域的应用 / 11

模块一　注意与球童服务　/12

一、注意的基础知识 /12

二、注意在球童服务中的应用 /13

【拓展阅读】注意力测试——测试注意力的稳定性和

集中性 /16

模块二 感觉、知觉与球童服务 /18

一、感觉与知觉基础知识 /18

二、感觉、知觉在球童服务中的应用 /20

【拓展阅读】"锻炼"自己的感知觉 /26

模块三 记忆与球童服务 /27

一、记忆的基础知识 /27

二、记忆在球童服务中的应用 /29

【拓展阅读】牢记打球客人姓名的重要性 /31

模块四 球童服务中的情绪与情感 /32

一、情绪、情感的基本知识 /32

二、情绪、情感在球童服务中的应用 /34

【拓展阅读】通过人际距离把握社交分寸感 /38

模块五 需要、动机与球童服务 /40

一、需要、动机基础知识 /40

二、需要、动机在球童服务中的应用 /45

【拓展阅读】颁奖典礼与需求层次 /48

模块六 态度与球童服务 /49

一、态度的概述 /49

二、态度在球童服务中的应用 /53

三、对球童服务态度的要求与培养 /58

【拓展阅读】最有名的门童 /60

第三单元　球员类型分析与球童服务 / 62

- 模块一　球员打球目的的差异与球童服务　/ 63
  - 一、打球目的的概念　/ 63
  - 二、主动观察球员打球目的的差异性　/ 63
  - 【拓展阅读】球童的服务意识　/ 65

- 模块二　球员差点指数差异与球童服务　/ 66
  - 一、USGA 差点指数的概念　/ 66
  - 二、球员差点指数的差异与球童服务　/ 67
  - 【拓展阅读】对客人尊重的两种观点　/ 68

- 模块三　球员气质类型的差异与球童服务　/ 69
  - 一、气质的概念　/ 69
  - 二、球员气质类型的差异与球童服务　/ 69
  - 【拓展阅读】四种气质类型及性格表现　/ 73

- 模块四　球员个性特征的差异与球童服务　/ 73
  - 一、个性的概念　/ 73
  - 二、球员个性特征的差异与球童服务　/ 75
  - 【拓展阅读】本性和性格的区别　/ 77

- 模块五　球员色彩选择的差异与球童服务　/ 78
  - 一、色彩心理的概念　/ 78
  - 二、球员服装色彩选择的差异与球童服务　/ 78
  - 【拓展阅读】球员服装颜色反映性格特征　/ 82

第四单元 球童服务中的人际沟通 / 84

模块一　球童人际沟通概述　/ 85

　　一、球童人际沟通的概念　/ 85

　　二、球童人际沟通的作用　/ 85

　　三、球童人际沟通的方式　/ 86

　　四、球童人际沟通的特征　/ 87

　　五、影响球童人际沟通的因素　/ 88

　　【拓展阅读】人际关系沟通技巧　/ 90

模块二　球童服务中的人际冲突　/ 91

　　一、球童人际冲突的概念　/ 91

　　二、球童人际冲突的效应与起因　/ 92

　　三、球童人际冲突处理技巧及遵循原则　/ 93

　　【拓展阅读】如何构建健康的企业人际关系　/ 96

模块三　球童的八个服务技巧　/ 97

　　一、及时掌握球员的气质类型　/ 97

　　二、快速了解球员的打球水平　/ 98

　　三、善于赞美球员　/ 98

　　四、面带微笑服务　/ 99

　　五、眼明手快　/ 101

　　六、乐观幽默　/ 101

　　七、有效言语沟通　/ 102

　　八、避免争论　/ 102

　　【拓展阅读】球童建立良好人际关系的技巧　/ 103

目　录

第五单元　球童服务中的产品营销 / 104

模块一　高尔夫产品基础知识　/ 105
　　一、高尔夫产品定义　/ 105
　　二、高尔夫产品的类型　/ 105
　　三、高尔夫球会籍产品　/ 105
　　四、球童营销的必要性　/ 109
　　五、球童营销知识的培训　/ 109
　　【拓展阅读】高尔夫会籍产品　/ 110

模块二　球童服务中的产品营销技巧　/ 111
　　一、塑造良好的营销氛围　/ 111
　　二、善于挖掘和把握客户的潜在需求　/ 112
　　【拓展阅读】销售人员挖掘客户需求的方法——提问　/ 116

第六单元　球童心理健康 / 118

模块一　球童心理健康概述　/ 119
　　一、球童心理健康的含义　/ 119
　　二、球童心理健康的标准　/ 119
　　三、球童心理健康的影响因素　/ 120
　　【拓展阅读】心理测试：你的心理健康吗？　/ 122

模块二　球童挫折情绪的产生与预防　/ 123
　　一、球童产生挫折的因素　/ 123
　　二、球童挫折后的行为反应及预防　/ 125
　　【拓展阅读】勇把挫折当动力　/ 129

参考文献　/146

识处理好与球员、同事、管理者之间的关系,掌握为球员提供个性化服务的技巧,以期加快球童自我发展的速度。

知识目标

1. 了解心理学起源与基本定义。
2. 了解心理学在人类历史上的诞生、兴起与发展。
3. 了解掌握球童服务心理的定义。

能力目标

1. 能够运用心理学基本原理为球员服务。
2. 能够运用球童服务心理研究的基本原则提升个人素质和服务质量。

素质目标

1. 能够通过球童服务心理学的学习,发掘学生的服务潜力。
2. 培养学生服务的积极性、主动性和创造性。

模块一 心理学概述

一、心理学定义

心理学一词来源于希腊文,意思是关于灵魂的科学。灵魂在希腊文中也有气体或呼吸的意思,因为古代人们认为生命依赖于呼吸,呼吸停止,生命就完结。随着科学的发展,心理学研究的对象由灵魂改为心灵。直到19世纪初叶,德国哲学家、教育学家赫尔巴特才首次提出心理学是一门科学。

心理学也称"心理科学",它以人的心理为主要研究对象,是研究心理现象和心理规律的科学,主要研究个体心理,包括认知、情绪、动机、能力和人格等,也研究团体和社会心理。科学的心理学不仅对心理现象进行描述,更重要是对心理现象进行说明和相关分析。

二、心理学的起源

人类对心理现象的研究,可以追溯到原始社会。当时,由于生产力水平很低,人们只能被动地顺应自然。对自然灾害,如雷雨、闪电、地震、洪水、猛兽的侵袭都无力对付,对人的生老病死以及睡眠与梦境,也感到惊奇与恐惧。人们对大自然无可抵御的可怕力量以及种种难以解释的神奇现象,归于神灵而加以崇拜。于是,人类历史上便产生了一种最早的心理学思想,这就是"灵魂说"。"灵魂说"认为,活人与死人的最大区别,是因为活人身体内有灵魂,而死人则没有。灵魂是一种无形的、看不见摸不到的东西,它暂时居住在人的这个有血有肉的躯体内。当人睡眠时,它就暂时离开人体外出活动,结果就形成了"梦",而当它回来时,人就醒了。当人觉醒时,它支配着人的一切行动,控制着人的生死安危。人死了,它就永远脱离肉体而去,但它是不死的,它可以超自然地永存。这是人类原始的信仰,是人类最早的心理学思想。亚里士多德的《灵魂论》,可以说是世界的第一部心理学专著。这一切,标志着人类已经关注并开展对产生于人体中的这种奇妙的精神现象的探索。这是心理学的萌芽,是心理学历史的源头。

心理学源远流长,但是自成体系成为一种独立的学科,却仅有上百年的历史。一开始人们对各种心理现象的讨论仅仅是局限于哲学的范围,凭主观的设想去分析问题，没有形成系统的理论和科学的方法。心理学的真正历史，是1879年，冯特在德国莱比锡大学建立的世界第一个心理实验室。它的出现，使当时处于"神学的奴婢，哲学的附庸"位置的思辨心理学正式纳入了科学实验的轨道，从而使心理学从哲学、神学、医学等其他学科中分离出来，正式诞生为一门真正独立的学科。冯特对感觉、知觉和注意等基本心理过程进行的实验研究，开创了实验心理学分支，因此，他被誉为近代心理学第一人。

心理学的产生标志着人类对自身心理现象认识的深化和发展。由于现代科学技术的进步，心理学的发展也日新月异，出现了许多应用心理学科，如教育心理学、管理心理学、服务心理学、犯罪心理学、劳动心理学、消费心理学等。这些新的应用性心理学在各自的领域里得到了广泛的运用，对人类社会的生产、生活、工作起着越来越重要的作用。尤其在当今社会，人类对心理学的关注和重视超过了以往任何一个历史时期。可以预见，在未来的社会中，应用心理学将扮演着越来越重要的角色。

三、心理学研究的对象

心理学的本质是要揭示人类行为的规律，并进一步地解释这种规律，最终调控它。

（一）心理是脑的机能对客观现实的反映

心理是人脑的机能，这是人们在长期的研究过程中得出的正确结论。人们曾经认为，心脏是心理现象的器官，所以心理活动的产生都是由心脏产生的。古代朴素唯物主义者认为，心理现象是与人的身体器官相联系的，但是受当时生产力发展水平的限制，人们不能清楚地认识到心理活动是与人的身体器官中的哪一个部位相联系的。后来随着科学技术的进步，人们逐渐认识到心理活动与人脑有关。在国外，古希腊医学创始人希波拉底（公元前460—前370年）就明确地把人脑看作是心理的器官。他指出："我们因为有脑，所以就思考、看、听，就知道美丑，判断善恶，感到愉快或不愉快……"因此表明了大脑与人的感官的神经联系及大脑对感官的指挥作用。

心理现象的产生是以客观事物为依据的，没有客观现实作用于大脑，就不会产生各种心理现象。因为心理的活动，人不仅能认识事物的外部现象，还能认识到事物的本质和与其他事物的内在联系。我们也通过这种认识来指导我们的实践活动，并用这种认识来指导人的社会实践活动，去改造、发现这个世界。同时心理也是社会的产物，离开了人类社会，即使有人的大脑，也不能自发地产生人的心理。

（二）心理存在于活动

心理是在人的大脑中产生的客观事物的映像，不是一种大脑的产品，所以这种映像是我们用手摸不到的。但是，人的行为活动是由心理控制，又通过行为活动表现出来的，因此，可以通过观察和分析人的行为活动客观地研究人的心理。

普通心理学把人的心理现象分为心理过程和个性心理。心理过程又包括认知过程、情感过程和意志过程三个方面。认知过程包括感觉、知觉、记忆、想象、注意、思维等过程。情感过程指通常人们所说的七情六欲，包括喜、怒、哀、乐、恨、爱、欲等，以及审美、道德等情绪和情感。意志过程是指人为达到预定目的而排除干扰、克服困难、坚忍不拔的意志努力过程。由于上述心理现象的发生都有一定的时间延续，因此把它们概括为心理过程。个性心理可分为个性倾向性和个性心理特征两个方面。个性倾向性是指一个人在需要、动机、兴趣、态度等方面的倾向性。个性心理特征是指一个人在能力、性格、气质等方面的特征。人的心理现象结构（心理学的研究内容）如图1-1所示。

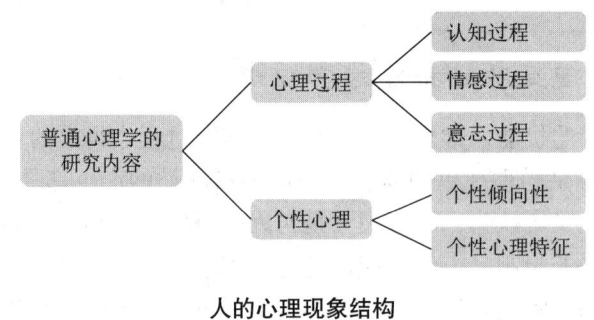

人的心理现象结构

模块二　高尔夫球服务心理概述

一、高尔夫球服务心理的定义

高尔夫服务心理是将心理学的一般原理运用于高尔夫球服务行为过程的应用科学，它的研究对象是球员心理及规律、球童服务心理及规律，着重于球童与球员的良好关系的科学。

二、高尔夫球服务心理研究的对象

如果我们把心理学的体系比作是一棵树，那么普通心理学就是这棵树的主干，各种心理现象发生发展规律的研究及由此而形成的各种理论就是树的分支，为其他领域研究人的心理提供了明确的思路。高尔夫服务心理同样也是这棵树的分支，高尔夫服务心理实务是以球会为大背景，对打球球员和球童的心理规律进行研究。

（一）打球球员心理研究

打球球员的心理活动是丰富多彩、千变万化的，但是无论他们的心理活动如何复杂，其心理都是客观实际的反映。球员的心理是由一定的刺激引起的，并且在各种实践中表现出来的。现代社会许多球会开始提倡为球员提供更高、更有水准的个性化球童服务，着手研究可以应用于球童服务的心理学。高尔夫服务心理实务是以球会为大背景，对打球球员、球童的心理规律、心理动向进行研究以及球童如何在对客服务过程中，运用心理分析为球员提供高标准的个性化服务，为球员创造更好的打球体验和打球成绩。

（二）球童的心理研究

球会管理层认为，一流的服务源自一流的球童，一流的球童服务才能为球会提供更高的社会效益和经济效益。现代球会管理的人性化回归是人本管理的最终诠释，以球童尊严、球童追求、球童发展、球童情感为出发点的管理，其本质特征就是考虑到球童是一个个体的人。球童个体的行为表现由他的个体心理和内在感受支配和决定，高尔夫企业球童心理管理就是通过科学的测量和分析，准确了解和把握不同球童、不同时期的心理状态，正确地进行人员的配置和优化。同时，更重要的是解决激烈的市场竞争给球童带来的心理问题，帮助球童缓解心理压力，促进球童心理健康。球童只有得到相应的尊重和认同，才会发挥自己的主动性和积极性，在工作中实现个人的人生价值。这种充满人文关怀的球童心理管理，能够减少球童对球会的不满，树立良好的球会形象。增强球童对球会的认同，促进球童与各部门、各层次员工间的沟通；提高球童士气，改善球会组织氛围，降低球童的缺勤、离职率。可有效地降低球会运营成本，提高球会经营绩效。

球会要为球童创造一个展示自我的平台。可以通过开展球童运营工作座谈会、改善球会管理提案等活动,及时与球童面谈。特别是球会人力资源管理和运作部门领导,要学会运用与球童面谈的技巧和方法,通过与球童面谈,达成球会组织与球童之间和谐、融洽的气氛。光靠处罚、批评等负面压力是远远不够的。应该从关心球童成长的角度出发,多多运用正面激励的方法,减少球童的压力。较好的做法是球会各级管理人员都能以友善的态度与球童交流,就可以增强管理者与被管理者之间、领导与球童之间的良好关系,并促使上下级之间的沟通,使球会的人际关系更加和谐。

在高尔夫企业中,基层工作人员也是球会的一个重要组成部分。卡耐基有一句管理名言——"带走我的员工,把我的工厂留下,不久后工厂就会长满杂草;拿走我的工厂,把我的员工留下,不久后我们还会有个更好的工厂"。所以,员工的心理研究,尤其球童的心理研究是球会管理运营中必不可少的一部分。要想正确地把握球童服务心理的规律,在实践中科学地运用,就必须遵循一定的原则,使用正确的方法。

三、打球球员心理研究的方法

球会服务活动的主体参与者是打球球员,打球球员心理研究的方法很多,其中主要的是通过观察法、交谈法、询问法、分析判断法等来研究球员的性格特点、球技水平和心理需求、肢体语言等,从而全方位地为球员提供个性化性服务。

(一)观察法

就是通过观察球员的外部表现和肢体语言去发现了解其心理活动的特点。例如,通过观察球员的长相,了解其年龄及打球水平等;观察球员的仪表着装,了解其性格及打球水平等;观察球员的面部表情,了解其喜、怒、哀、乐等情绪表现。也可以从球员间的相互交谈中,了解球员的职业、岗位、性格特征等。例如,听口音可判断球员来自何处,听讲话的方式和语言表达能力,可大体分辨出球员的文化修养、职业与性格特点等。

(二)交谈法

就是在直接与球员交谈沟通中,了解掌握球员的心理特点和服务要求。球员直接或间接用语言表示自己的需要,便于准确及时地根据球员要求提供更加圆满的服务。

（三）询问法

一是直接或间接地征求球员打球需求（球杆选择、击球策略制定等）；二是通过与球员交谈，从中了解掌握球员的心理特点、性格特征等。

（四）分析判断法

球童要善于根据球员的着装、举止风度、肢体语言推断出球员的心理特点、性格特征、技术水平等，从而掌握球员对服务的心理需求。

对打球球员心理研究的方法有很多种，观察法、交谈法、询问法、分析判断法是其中的几种主要研究方法。球童和球会管理者在日常工作中要善于运用多种方法来研究球员的性格特点、球技水平和心理需求等，从而更加有针对性地为球员提供专业服务。

四、高尔夫球服务心理研究的基本原则

（一）客观性原则

所谓客观性原则，是指对任何心理现象必须按它的本来面貌加以研究和考察，不附加任何主观意愿的原则。人的心理活动是对客观现实的反映，一切心理活动都是由外界刺激引起的，并通过一系列的生理变化，在人的外部活动中表现出来。因此，在心理学的研究中切忌采取主观臆测和单纯内省的方法，特别是在球场服务过程中应根据客观事实来探讨球员的心理活动规律，进而使球场工作人员能根据球员的心理活动变化提供个性化服务。

（二）关联性原则

人生活在极其复杂的自然环境和社会环境之中，人的每一心理现象的产生都要受自然和社会诸多因素的影响和制约，人们对某种刺激的反映，在不同的时间、环境和主体状况下往往不相同。因此，在对球员和球童心理现象的研究、试验中，要特别注意联系身边诸多的影响和制约因素，不能一概而论。

（三）发展性原则

世界上一切事物都是运动、变化和发展的。心理现象也是如此。这就要求球童服务心理的研究一定要从球员、球童的心理发展、意识发展、个性心理发展以及环境和球会条件变化等不同方面，观察球员、球童的心理发生和发展的

...个性化服务做好准备。

五、高尔夫球服务心理研究的意义

在球童服务过程中，不同的球员在需求、动机、性格、技术等方面存在着差异，球童本身也不例外，在为球员服务过程中同样具有相关心理活动的变化，这些现象都是服务心理的客观体现。

（一）掌握球员的需求是球童做好服务的基础

球童每天都要接待各种各样的球员，他们或国籍不同、民族不同，或职业不同、年龄不同，抑或技术水平不同、性格不同，甚至在生活习惯、风俗人情及宗教信仰等方面也有差异。正是由于这种差异对人心理的影响，不同的人往往会对同一对象有不同的反映，甚至是同一球员在不同情绪或不同的时间、背景下，对球童服务的要求也会有所不同。学习高尔夫服务心理实务可以让我们更好地了解球员的心理需求、技术水平、性格特点，从而提供个性化的服务，这就要求球童在服务中必须眼疾、手快、腿勤、口勤，既积极主动提高工作效率，又勤于观察、不断分析、总结经验，形成规律，真正做到让球员开心满意。

所谓个性就是一个人在其生活、社会⋯⋯
的带有一定倾向的个性心理特征。学生的个性差异⋯
定的特征上的差异。学生个性差异现象从身心各方面来看，⋯
的，这在个体的性别、年龄、容貌、体能、能力、兴趣、爱好、态度、观念⋯
方面都有不同程度的表现。

差异是客观存在的，也是不可避免的。无论教育者怀着多么美好的愿望，无论教育者以爱心和智慧在孩子成长的过程中做了多少工作，他所教导的学生们最终仍然会表现出极大的不同。是什么原因造成了个体成长过程中的差异？心理学家给予了不同的解释：受遗传、环境、种族文化差别等的影响。个性差异是也客观存在的，它是教育的结果，同时它也是教育的依据，只有研究和掌握了学生的个性差异，针对学生心理的不同特点，实施差异教学，才能取得良好的教育效果。学生差异的主要表现：个体内的差异、个体间的差异和学生基本功和学习兴趣的差异。

1. 个体内的差异

个体内的差异是指一个人素质结构上的差异，如一个人所具有的各种能力、兴趣爱好等的不平衡。同一学生的智力发展水平在智力的不同侧面具有差异性。例如，心理学家研究表明，学生的智力发展存在着个体内差异。如同年级、同年龄的儿童A和儿童B，A儿童在语言方面发展特别突出，但其他方面的智力表现却在一般水平，B儿童动作协调接近成人水平，但智力的其他方面却比成人低。

2. 个体间的差异

学生个体间的差异是指学生与学生之间的差异，学生智力发展水平的个体间差异在学生中是客观存在的，学生的智力发展水平与其学业成绩有很高的相关。国外研究发现，对于不同年龄阶段的学生来说，智力水平与学习成绩的相关性逐渐降低。在小学阶段，相关在0.6~0.7；在中学阶段，相关在0.5~0.6；在大学阶段，相关在0.4~0.5。但并不是智力水平高的学生，成绩一定就好，智力水平低的学生学习也未必就差，这与个人的学习兴趣、专注力和学习习惯都有关系。

3. 学生基本功和学习兴趣的差异

（1）学生基本功的差异

如有的学生上课时思维较敏捷；有的学生擅长形象的直观记忆；有的学生则擅长抽象的语言记忆；有的学生接受能力明显好于其他同学；有的参加过校内外的各种活动的培训，有的甚至参加过竞赛活动，方方面面的不同经历导致他们在学习上反映出不同的情况，这就产生了学生间的差异。

（2）学习兴趣的差异

有的学生学习兴趣浓厚，爱好广泛，求知欲强，有扎实的基础知识，学习成绩稳定；有的学生智力因素虽好，但缺乏刻苦精神，学习兴趣有偏差，成绩不稳，有潜力可挖；有的学生智力或非智力因素相对差些，学习非常用功，但成绩不理想。只有对学习感兴趣智力因素也不错的学生学习起来才会事半功倍。只有了解学生存在的差异，对学生做到心中有数，教师才能实施"差异教学"。

第二单元 心理学在球童服务领域的应用

单元导读

高尔夫球服务心理的研究对象主要包括球童等服务人员的服务心理和行为。本单元重点介绍心理学中的认知过程（注意、感觉、知觉、记忆）、情绪情感过程和意志活动在球童服务中的实际应用。

学习目标

知识目标

1. 了解和掌握注意的概念和基本特征。
2. 了解和掌握感觉、知觉的概念和基本特征。
3. 了解和掌握情绪、情感的基本概念。
4. 了解和掌握需要和动机的基本概念。
5. 了解和掌握态度的基本概念。

能力目标

1. 能够注意到球员的言行、习惯与自身服务的细节。
2. 能够通过注意与感知记住球员的个性特征与打球习惯，提供针对性服务。
3. 能够在球童服务中察觉球员情绪的变化，从而提供个性化服务。
4. 能够在球童服务中感觉到球员的心理变化与需求，提供针对性服务。
5. 能够以良好的态度服务球员。

素质目标

1. 培养学生察言观色的意识。
2. 培养学生团队合作精神。
3. 培养学生调节不良情绪的能力。

模块一　注意与球童服务

一、注意的基础知识

（一）注意的概念

注意是人的心理活动对一定对象的指向和集中。一个人在同一时间，不可能感知周围的一切对象，而只能有选择地指向于一定对象，并集中精力对待这一对象，其余对象则无意中被放到感知范围之外。

注意本身并不是一种独立的心理过程，而是各种心理过程的综合活动，任何心理过程在开始时，总是表现为注意这一心理现象。因此，注意是顺利完成各种活动的重要条件。

（二）注意的特征

1. 注意的指向性

人在一生中能感知很多事物，但在某一时间，同时反映到人脑中的客观对象，却只是有限的一部分。这表明人的心理活动不能同时朝向一切对象，而是有选择、有方向地指向特定的客体。这里所说的注意指向是指球员专注于如何打好球？球童的注意指向就是如何服务好球员。

2. 注意的集中性

它是指人的心理活动能在特定的方向上保持并深入下去。注意的集中性，是人们心理活动离开一切无关的事物，从各个方面集中到某种对象或现象上，并对其他活动产生抑制性影响。通常我们常说的"注视""倾听""凝神"就是指人的视觉、听觉和思维活动深入地集中于一定对象或活动，这里面所指的是球童要把注意力集中到为球员服务这件事上。

（三）注意的分类

按注意的目的性和意志力的程度不同，可分为无意注意、有意注意和有意后注意。

1. 无意注意

是没有预定目的、不需要意志努力的注意。例如，当球童在球道上服务时突然听到大喊"看球"，便马上会留意声音是从哪里传来的，这种注意是一种被动的、本能的刺激后的反应。

2. 有意注意

是有预定目的、需要意志努力的注意。例如，球童为了为球员提供周到的服务，在球场服务时必须注意球员的各种需求和反应就是有意注意。能否产生有意注意与个人的意志品质、对所从事的活动的兴趣有关。

3. 有意后注意

是指有自觉目的，但不经意志努力就能维持的注意。例如，球童熟练地清点球杆，整理球包、绑包，准备打球用品等活动中的注意就是有意后注意。它是在有意注意的基础上产生的。有意后注意来源于对活动的直接兴趣和对活动的熟练程度。一般来讲，从事自己喜爱的活动及熟练的活动，有意注意都会转化为有意后注意。

（四）注意的功能

1. 选择功能

即选择有意义的、符合需要的和当前活动相一致的事物，避开其他与之相竞争的各种事物。这种选择功能既表现为对心理与行为方式的选择，也表现为对刺激对象的选择。由于注意的选择性，人的心理活动才能正确地指向和反映客观事物。球童在服务时的注意选择只能是球员，而不会是其他事物。

2. 保持功能

即注意对象较长时间在意识中指向并保持在一定方向上。这是一种注意指向在时间延续上的特征。如球童为球员捆绑球包和清点球杆，或当球员将球击出去后球童观看球的落点，都需要保持注意，直至完成相关服务。

3. 调节与监督功能

这种技能有利于心理和行为活动准确地进行；也有利于对错误活动进行及时调节和矫正，这是注意最重要的一种功能。如球童整理球包、填写点杆卡、计算球员打球成绩并随时进行修正就是注意的结果。

二、注意在球童服务中的应用

球童在服务的过程中，首先应了解球员的注意行为，从而提供针对性服务。其次球童还应关注球员的个性特征与打球爱好，为球会收集球员信息提供素材，以提高球会整体服务水平。

（一）根据球员的注意行为进行服务

球童在服务中要有意地了解球员的注意行为，根据球员的注意行为提供针对性的服务。我们可以把球员的注意分为无意注意和有意注意。

1. 球员的无意注意

球员从来到高尔夫球会开始就会对球会的设施、球场的设计、球童或其他服务人员的服务方式等产生无意注意。引起球员无意注意的原因有两方面，一是高尔夫球会本身的特点；二是球员自身的状态。

独特新奇的创意往往容易引起打球球员的无意注意。例如，有很多球会的会所大厅，用昂贵的材料将会所装潢的豪华大气并配以柔和的灯光和纯美的钢琴曲，就很容易引起球员的无意注意。又例如，球童的服饰，也通常也会引起球员的无意注意。

球员的自身状态，主要是指球员的需要、情感、兴趣、经验等。凡是符合球员需要的、令球员喜爱的、感兴趣的事物，就容易引起球员的无意注意。例如，球员如果特别喜欢大自然的树木或风景，那么，球场中的景观植被就容易引起他的无意注意。

2. 球员的有意注意

球员有目的地了解球会的设施、球场的设计，并对球童服务做出评价，这就是球员的有意注意。例如，球员开球前认真地观看球道特点，并仔细听取球童的信息介绍；打球过程中关注球童的服务态度和服务速度；离开球会时检查自己携带的物品等都是有意注意的表现。

一般打高尔夫球的球员注意的指向性和集中性主要表现在球会的品质、价格的公平以及服务的质量等方面。因此，作为球童就应做好自己的服务工作。

3. 创造良好的服务环境

为了使球员在打球过程中不受外部无关刺激的干扰，应创造一个安静、和谐的打球环境。首先，球童应该注意打球周围环境对球员打球的干扰。如球场设施是否合理恰当，球道是否干净、剪草高度是否适中，有无草坪人员在剪草、施工，如有噪声、视觉干扰，球童应尽快排除。其次，球童自身的服饰、发型和妆容不宜耀眼，反之，则容易引起球员打球的注意力分散。另外，在球童服务过程中球员要迅速妥善地处理偶发事件。例如，对天气骤变、打球条件恶化（突然阴雨、打雷闪电等）、球员中暑或被虫蛇叮咬等突发事件，球童不能惊慌失措，要以自己平静的情绪协助球员迅速地处理好突发事件。

4. 注重服务的技巧性

例如，在球童服务中，球童以良好的服务态度面对球员，以熟练的专业知识和灵活多样的服务技巧与手段，调动球员的情绪状态和打球的积极性，引起球员的兴趣，维持球员的打球注意。

（二）根据球员的个性特征与打球爱好提供优质服务

球童在服务中，除做好基本的服务工作之外，还应多与球员进行沟通，了解球员的技术水平、性格爱好、打球习惯、饮食习惯、住宿习惯等，并进行有意注意，对以后的服务，尤其球员再来球会打球时，如果球童见面就能清晰地说出该球员上次来打球的时间、成绩、喜欢的餐饮、性格特点和技术特点等，球员一定会感到非常惊喜，会喜欢上该球童，也提高了该球员来球会打球轮次，提升球会整体服务水平。

（三）球童应培养良好的注意品质

每个人的注意力是有差别的，但经过长时间的努力和锻炼，注意力较差的人也可以提高注意品质。球童要想做好服务工作，提高自身的服务水平，就应培养良好的注意品质，可从以下几个方面入手。

1. 要培养广泛而稳定的兴趣

兴趣和注意有密切的关系，它是培养注意力的一个重要心理条件。例如，球童对球童服务工作很有兴趣，在工作中就可能注意力非常集中，从而促进其注意力的形成和培养。

2. 要努力提高注意的稳定性

首先要明确自己的工作职责和应完成任务的意义。如果球童对自己工作意义理解性高，在工作中就能将"注意"始终集中在工作上，从而很少出差错。其次要排除各种干扰，培养自己坚强的意志力。例如，球童在给球员整理与清点球具时，如果不能排除球员谈话的干扰，点杆就容易出错。

3. 要努力扩大注意的范围

注意范围的大小和个人知识经验有很大关系。如有的球童在背球道码数时可以一个小时背完6~8个，而有的则只能记住3~4个。球童在球场服务中经常会面临比较复杂的场面，需要眼观六路、耳听八方的本领。例如，球童在球道上服务时，不仅要根据球员的需要提供针对性服务，同时还要时刻注意球员和自己的安全，如看到其他球道的球朝着自己球员或同组球员飞来时，应及时提醒和防护。因此，球童只有熟悉自己的工作任务和服务流程，并且不断积累知

模块二 感觉、知觉与球童服务

一、感觉与知觉基础知识

（一）感觉

1. 感觉的定义

感觉是人脑对直接作用于感觉器官的客观实物的个别属性的反映。任何事物都具有多种属性，如一个高尔夫球场就有许多个别属性：翠绿的草坪、清新的花草香气、悦耳动听的鸟叫声、酸甜的野果味道等。高尔夫球场中这些个别属性，作用于我们的眼、耳、鼻、舌等感受器官，就会产生各种感觉。

2. 感觉的种类

感觉可分为两大类，外部感觉和内部感觉。

（1）外部感觉

其感受器位于身体表面或接近身体表面，感受来自外部世界的刺激和作用。这类感觉有视觉（如色彩、亮度、灰度、外形、大小）、听觉（如声音的频率、音量大小、音色）、嗅觉（如香味、其他气味）、味觉（如酸、甜、苦、咸）、肤觉（如温觉、冷觉、触觉、痛觉）等。

（2）内部感觉

反映身体位置、动作、内脏器官及变化，其感受器位于身体的内部器官和组织内，感受身体的位置、动作、内脏器官及变化。这类感觉有运动觉、平衡觉和机体觉。

3. 感觉的感受性

感觉器官对刺激物的主观感受能力称为感受性。心理学上用感觉域限的大小来衡量感觉能力。感觉域限是指人感觉到某个刺激存在或发生变化所需强度的临界值。感受性与感觉阈限呈反比关系。感觉阈限越低，感受能力就越高，说明感觉器官越灵敏；反之，则越迟钝。

在刺激物作用于感觉器官的过程中，人们获取了外界的信息，会引起不同的感受。如高尔夫球场内外环境的好坏、球童及相关服务人员的仪表、态度优劣、球童服务的动作形态以及会所餐厅食物的色、香、味等都会引起球员的不同心理感受，并将决定着球员是否接受服务。

（二）知觉

1. 知觉的概念

知觉，是人脑对直接作用与感觉器官的客观事物的各个部分和属性的整体反应，是人对感觉信息的组织和解释的过程。例如，听到打球声，闻到花草香，看到一个沙坑等，都是知觉现象。在认知科学中，知觉也被看作是一组程序，包括获取感官信息、理解信息、筛选信息、组织信息。

2. 知觉的种类

知觉可以分为两大类，一般知觉和复杂知觉。

（1）一般知觉

知觉过程是由多种感觉的联合活动而产生。在多种感觉的联合活动中，往往有某一种感觉起主导作用。根据知觉时起主导作用的感觉分析器不同，可将知觉分为视知觉、听知觉、味知觉、嗅知觉、触摸知觉。例如，打高尔夫球时有视觉和听觉参与，但视知觉起主导作用。品味美味佳肴时，味知觉起主导作用。

（2）复杂知觉

根据知觉对象的空间特性、时间特性和运动特性，又可把知觉分为空间知觉、时间知觉和运动知觉。

空间知觉是人脑对物体形状、大小、远近、方位的反映；时间知觉是人脑对客观现象的延续性和顺序性的反映；运动知觉是人脑对物体空间位移和速度的反映。

3. 知觉的基本特性

（1）知觉的整体性

知觉的对象具有不同的属性，由不同的部分组成。但人们并不把知觉对象感知为各个孤立的部分，而是把它作为一个统一的整体。这就是知觉的整体性。例如，打球球员走进球会，对球会的评价就是通过环境、卫生、草坪养护、球道设计、球童的着装、举止、服务态度等各个部分而做出整体评价。

（2）知觉的选择性

人对同时作用于感觉器官的所有刺激并不都发生反应，而只对其中少数刺激加以反应，这种对外来信息进行选择而进一步加工的特性叫作知觉的选择性。

例如，球童在球场服务球员打球时，会对球道的形态、球员的打球水平、打球习惯比较关注，而对球员使用什么样的球具则不会太在意。因此，球童服务中排除干扰，选择跟服务有关的重要方面，则更有利于做好球童服务工作。

（3）知觉的理解性

在知觉过程中，人总是用过去所获得的有关知识和经验来理解事物，并用概念的形式把它们标出来。这种特征就是知觉的理解性。知觉的理解性不仅与知识经验有关，而且还受言语的制约。言语指导有助于对知觉对象的理解。例如，球童在初次为打球的球员进行服务时，若能给球员讲一讲高尔夫的文化、历史以及打球的要点和注意事项等知识，就可以提高球员对高尔夫的理解，引起球员的兴趣，使球员流连忘返。

（4）知觉的恒常性

当知觉的条件在一定范围内改变了的时候，知觉的映像仍然保持相对不变，这就是知觉的恒常性。例如，当一位身材高大的球员打球结束后向我们挥手告别，离我们越来越远，他的身影在我们眼里越来越小，但我们不会感到球员的身高变矮了。球员的发型改变了，球童依然会记得这位球员外貌特征。

4. 错觉

错觉是对外界事物不正确的知觉。人们在感知客观世界的过程中，在一定的条件下，会产生各种错觉现象。比较常见的是视错觉。例如，当一名球员来到一个新的球场打球时通常就会产生一些错觉，尤其在果岭上看线遇到所谓的暗线时最容易产生错觉，将推击线看反则会导致很难推球入洞，这时作为服务的球童就应及时向球员提供恰当的指导。

（三）感觉与知觉的关系

感觉与知觉既有区别又有联系。他们都是人脑对直接作用于感觉器官的客观事物的反应。感觉是知觉的基础，是知觉的组成部分。然而，知觉并不是许多感觉的简单组合，而是各种感觉的有机联系，是感觉的深入。感觉与知觉的区别在于感觉只是反映事物的个别特性，而知觉则反映事物的全部特性。

二、感觉、知觉在球童服务中的应用

（一）球员对球会服务的感知觉

1. 球员对高尔夫球会的感知觉

既包括高尔夫球会的硬件设施也包括球会工作人员的服务意识与服务态度等，即是否具有主动服务、热情服务、创新服务等；球会形象，主要涉及企业精神、知名度、球场的美誉度以及在高尔夫球界内发挥的作用；高尔夫球会所提供的服务环节、服务环境以及球会的硬件设施，如会所、停车场、练习场等是否符合打球球员的需要。

2. 球员对高尔夫球场的感觉和知觉

各个高尔夫球场所具有的功能从本质上来说是相同的，但根据球会原本的地形地貌、自然景物以及设计师设计等因素的不同，世界上没有完全相同的两个高尔夫球场和相同的球道。

（1）对高尔夫球场地形的感知

如球场是山地地形还是平地地形，是 links 风格，还是沙漠球场等。

（2）对球场整体设计的感知

如球道总长度、不同球洞的长短及造型特点等。

（3）对球场布局的感知

如沙坑障碍、水障碍、树木等的布局。

球员只有对高尔夫球场有了深刻而准确的感知，才能主动而有效地掌握在不同球场技术、战术运用的一般规律，从而促进技术、战术的运用和水平的发挥。

3. 球员对球童的感觉和知觉

在日常生活中，一个人要对他人做出反应，取决于对他人的印象，即对他人的知觉印象。知觉印象的好坏，会直接影响他对该人的情感。在球童服务工作中，球员对球童的反应，主要取决于球员对球童的感觉。球员对球童的感觉是通过球童的外表以及行为来推测球童的心理活动，它不仅是球员对个别球童的感觉，而且也是球员对整个高尔夫球会感觉的重要内容之一。

球员对球童的知觉，主要从以下几个方面获得：

（1）通过球童的仪表特征来感知

在球童服务过程中，当球员与球童接触时，球员首先看到的是球童的仪表，即球童的服饰、装束和发型等。这些鲜明的外表特征成为球员的感知对象，形成球员对球童的初步印象。

（2）通过球童的表情来感知

人类不同的表情，是人们心理活动的外在表现，它是人们了解他人心理状态的一个客观指标，包括面部表情、语言表情、姿态表情。人类的这些不同表情，在服务过程中都有所表现，是球员感知球童的一个重要途径。在服务过程，球童的面部表情的变化成为球员知觉的首要对象，成为球员了解球童思想、情感、心理活动的主要线索。此外，球童在与球员交往时所运用的音色、语调、语气和节奏等一举一动往往都会成为打球球员了解球童情绪、心境、服务态度等心理活动最好的途径，并会给球员留下深刻的印象。

（3）通过球童的语言来感知

语言是人类特有的表达感情、情感的工具，也是同他人直接交往时了解他人的重要途径。正如我们平时所讲的：听其言，知其人。在球童提供服务过程中，球童的语言成为球员了解球童的一个重要途径。球员通过球童的语言来感受球童的态度，理解球童所要表达的意思和思想。球员对球童的语言知觉，一定程度上比仪表表情的知觉来得更为清晰、明朗。因此，球童在与球员交往时，尤其要注意用词的准确性、表达的清晰性，注意语言的分寸，不可讲一些不该说的话，以免造成球员的投诉，给球会带来不良的影响。

（二）球童对球员的感觉、知觉

当球员进入高尔夫球会，感知球会和球童的同时，球童也在感知、观察球员，球童对球员的感知越准确、越全面，给球员所提供的服务才能越细致、周到，甚至超前。所以球童必须具备良好的观察能力。球童可通过球员的外形、表情、肢体语言、个人素质等来推断打球球员的国籍、从事行业，甚至推断出球员的个性性格。同时，也能体会不同的球员对服务的要求，从而在以后的工作中，能有针对性地提供周到的服务。

（三）根据球员的感知觉做好球童服务工作

1. 树立良好的个人形象——首轮服务效应原则

首轮服务效应，就是指在球童在迎宾服务与打球（或比赛）准备工作时，使球员所产生的第一印象，也有人称为第一印象效应。在球童与球员接触的首轮服务过程中，球员对球童的服务所产生的第一印象，是首轮服务效应的重要体现，也是为球童后续的各项服务创造有利条件的重要基础。当球员对球童的迎宾服务产生良好的心理定式时，球员也必然会对球童服务表现出信任与认同。所以，球童在迎宾服务过程中，能否给球员留下良好的第一印象，则取决于球童以下方面的表现。

（1）仪容整洁仪态大方

在日常生活中，如果一个人仪容整洁，相貌端庄，往往会给人以好感。如果他是脏兮兮、晦气满面、外形丑陋，自然难以为他人所欣赏。假如我们面对的是一个弓腰驼背、站没站相、一边讲话一边晃动身体的服务员时，我们会从内心对他产生不信任，甚至反感。因此，整洁的仪容是球童良好精神面貌的有形体现，而规范大方的服务仪态，则是一种表现球童职业素养的"身体语言"，它向球员传递着球童对球员的服务态度与情感交流。所以，球童干净整洁的仪容，落落大方的服务仪态，可以使球员产生良好的第一印象。

（2）礼貌热情的语言表述

语言是情感交流的润滑剂。利用语言不仅仅可传递服务信息，也可向球员表示尊重的服务态度。对于球童而言，重要的不是会不会说话，而是如何才能把话说好。规范、准确、热情、礼貌的语言交流，是球童必须掌握的专业服务工具。

（3）得体的微笑服务

笑容，是人含笑的面容，亦指人在含笑时的神情。球童得体的微笑服务可以大大改善服务的态度，提高服务质量。球童在向球员微笑时要发自内心、口、眼、心结合。一个自然的、发自内心的微笑会使人倍感亲切，彼此间的距离一下子就会近了很多。但是，如果球童面对球员的微笑，是一种表里不一和缺乏发自内心诚意的笑容，那么，就会给球员产生一种牵强附会的感觉。因此，球童得体的微笑服务，在首轮效应中，最易给球员良好印象的服务方法。

此外，球童在微笑服务中还应当注意自己讲话的音色、语调、语气、节奏，一般来讲，球童的发音要标准，音色要自然大方，语调语气要稳重，节奏要平缓。即使是遇到突发情况时，仍要保持镇定的态度，语言清晰明确，语调从容平缓。

2. 树立良好的服务意识与态度

服务意识与态度是指高尔夫球童为球员提供热情、周到、主动服务的意识以及在言语、表情、行为举止等方面所表现出来的一种心理倾向。这种自觉主动做好球童服务工作的观念和愿望，发自球童的内心。

服务意识与态度不仅是职业素养的体现，而且还具有浓厚的情感色彩，对球员的心理和行为产生重要作用和影响。良好的服务意识与态度能化解球员的不满情绪甚至转变球员对高尔夫球会的看法；而低劣的服务意识与态度，不仅致使球员情绪波动，产生不安、烦躁，甚至还会使球员极为不满，发生交往矛盾。

球童要形成良好的服务意识与态度应从以下几个方面入手。

（1）具有安全服务的意识

恪守安全第一，这是在高尔夫球场的任何时间和任何地点，球童必须遵守并且要时刻提示球员的服务原则和服务意识。

①球员打球时的安全服务意识

当球童引导球员到达第一发球台时，球童必须等前一组球员离开击球射程以外的情况下，才可以向球员发出准备打球的信息。在前一组球员还没有走出发球台安全射程范围之前，球童应及时提示球员不可以打球。如果球员打出的球飞向可能会击中别人的方向，球童应当立即高声喊叫进行告警，在该场合告警的惯用词是——"看球"（Fore）！

此外，当本组的球员在等待前方球道上其他球员走出打球安全范围之前，在发球台附近做准备活动的挥杆练习时，球童应当站在挥杆区域以外的地方，不对球员的挥杆练习产生影响。

②为球员的物品提供安全保障服务意识

无论"拖包"服务，还是"乘车"服务，球童都应安全牢固地捆绑球员所使用的球包。当然，除此之外，事关球员在打球或比赛过程中所需要的其他相关用品，也需要球童本着安全合理、使用方便、稳妥放置原则，为球员妥善保管。

③安全驾车服务意识

在驾车服务中，球童应及时提醒球员注意开车安全，尤其是在球员驾驶球车的时候，由于球员不熟悉行走路线，球童一定要提前提醒球员行走的方向，如"前方左转"（右转、上坡、下坡）、"请您减速慢行"等，不能到了需要变向时再提醒球员，从而导致球员驾车"急转弯"或"急刹车"的安全隐患。

此外，球童一定要按照安全行车规范的服务流程与要求，及时向球员发出安全行车信息。在球童登上球车并扶稳抓牢之后，要及时向球员发出行车信息，惯用的口语信息是"OK"。但是，球童在登球车之前的各项服务工作一定要尽快完成，不能让球员在球车上等待得太久。

（2）具备超前的服务意识

在球童的服务工作中，不仅要体现对球员热情主动、亲和友善的服务态度，更要按照打球或比赛的各项工作的服务规范，最大限度地满足球员的服务要求，而要做到满足球员的服务要求，还需要球童具有良好的超前服务意识，如领悟球员的服务需要、明确自己应该做什么、站在球员的角度体会球员的需要等。

①领悟球员的服务需要

球童在为球员打球或比赛的服务过程中，一方面需要按照球员的要求和服务流程的基本规范程序为球员提供最佳的服务，另一方面则需要球童在与球员的初步交流过程中，及时了解球员的个性特点，从球员的言谈话语或行为举止中掌握球员的某种习惯，准确地判断和领悟球员所需要服务的节奏和频率。比如：球员抽烟的习惯、喝水的时间等。

②明确自己应该做什么

观察和了解球员的个性特征，是为了更好地为球员提供及时有效的服务。

因此，球童要根据自己的观察，准确判断球员的服务需求，并清楚自己应该如何做、做些什么。比如：球童在和球员的接触中知道了球员有抽烟的嗜好，那么，球童就要针对球员有抽烟习惯的服务准备，尤其是在球员抽过的烟头，要有相应服务措施的心理准备，不要等球员把烟头随手扔在了地上再捡起来，而应当事先准备好临时用的"烟灰缸"，在球员即将抽完时主动迎前服务。这样既可以避免球员随手乱扔烟头（个别球员），也体现了主动服务替球员着想的服务态度。

③站在球员的角度体会球员需要的服务

球童服务不完全等同于其他服务工作，不要只有球员需要什么就服务什么的"应声"服务，还要具备时刻关注球员可能需要的服务内容，这就要求球童具有站在球员的角度体会球员的需要，当球童能够主动地站在球员的位置体会所需要的服务时，其服务的效率就能大大提高，就能取得令球员满意的服务效果。

（3）保持集体荣誉至上的团队服务意识

团队就是工作的集体。团队意识是指球童在工作中相互协调、相互支持、相互合作的精神。球童要形成团队意识，首先，要养成识大体、顾大局、自觉维护球会声誉的思想境界，树立以球会为荣、集体荣誉至上的服务理念，将维护集体荣誉这一观念融入日常的球童服务工作当中去。例如在工作中不仅要认真履行本岗位职责，还要兼顾为同组其他球童提供方便、共同保证服务质量。球童服务工作有时候是需要相互协作，球童应学会分工协作，共同打造作风良好、氛围和谐的服务团队。

其次，要相互尊重，相互关心，相互学习，培养团队意识，用优质的团队服务，贴心为球员提供周到的服务，树立良好的团队服务形象。如果能如此协作，团队氛围会越来越融洽，有利于促进高尔夫球会的兴旺和发展。

（4）保持良好的服务态度

首先，球童必须明确服务工作的特点，热爱自己的工作，加强修养。一名文化修养、职业道德修养和心理素质很好的球童，眼界开阔，心襟宽广，理智感强，会主动自觉保持良好的服务态度，没有自卑感和厌烦情绪。这样对球员的服务心态也更加平和周到。

其次，球童要完善服务水平，服务水平是服务态度的具体表现形式，它要求球童有愉快的表情，有发自内心的自然微笑，站立姿势要挺直、自然、规矩、行走时要稳健、协调、精神；语言要规范、和气、文雅、谦逊；仪表要端庄，举止要稳健、自然，符合职业身份。

3. 培养良好的观察能力

观察是一种有目的、有计划的知觉,是人对现实的感性认识的一种主要形式。

观察能力是指观察活动的效率,即观察力。人们观察能力的类型可分为三种。一是分析型,善于观察对象的个别细节,而不善于观察对象的整体。二是综合型,善于观察对象的主要部分而忽略细节。三是分析综合型,既善于把观察对象看成一个整体,抓住观察对象的整体意义,同时也善于抓住对象的重要细节。

人的第一印象往往是通过对外表的观察获得的,球童应通过经常练习培养良好的观察(察言观色)能力,练习在短时间内说出观察对象尽可能多的特点。

(1)"察言",即注意一个人的声音

言为心声,一个人的言语节奏、语调高低、语速缓急,都是了解球员内心世界和性格特征的有效途径。笑声朗朗,说明球员性格开朗、心情愉快;唉声叹气、语调沉缓,说明球员心情郁闷、闷闷不乐,似有愁心之事;语调高、速度快,说明球员性子较急,脾气暴躁,情绪较难控制;语调低、语速慢,则说明球员性情温和、性子较慢,情绪变化不明显。

(2)"观色",即观察球员的面部表情

面部表情是一个人喜怒哀乐的晴雨表。"愁眉苦脸""眉开眼笑",分别表达人的哀与乐;目光炯炯、神采奕奕,说明情绪高涨、心情愉快;目光呆滞、脸色阴沉,说明情绪低落、心中不快;东瞧瞧、西望望,好奇心较强,说明可能是第一次来打高尔夫球。

【思考与讨论】

1. 知觉的概念与基本特征是什么?
2. 感觉与知觉的联系与区别是什么?
3. 如何根据球员的感知觉做好球童服务工作?

【拓展阅读】

"锻炼"自己的感知觉

体育锻炼能促进人的感觉、知觉发展,体育运动使人的感觉、知觉敏锐、观察力强,还能促使空间知觉、时间知觉的发展。体育锻炼能够增强神经系统的功能，促进记忆的发展，对人运动记忆与情绪记忆的发展作用非常明显。体育运动能够促使思维能力的发展，球类运动、体操运动对人的思维敏捷、灵活性的发展有很大的促进作用。体育运动使人动作敏捷、准确、协调。心理学研究表明，经常做体育锻炼的人的简单反应速度为161.5毫秒，不进行体育锻炼的人的简单反应速度为217.5毫秒；经常从事体育锻炼的人的复杂反应速度为248.7毫秒，不进行体育锻炼的人复杂反应速度为372毫秒。

模块三　记忆与球童服务

一、记忆的基础知识

（一）记忆的概念

记忆是人脑对过去经历过的事物的反映。人们感知到的实物、思考过的问题、体验过的情绪和采取过的行为，会在大脑中留下痕迹，并在一定的条件下再现处出来，这就是记忆。

记忆在人类生活中有非常重要的意义。有了记忆，人们才能把过去对事物的反映保存在头脑中，才可能更全面、更深入认识当前事物，从而进行更复杂、更高级的思维活动。离开了记忆，人们根本无法从事正常的学习、生活和工作。在高尔夫球童服务中，球童不仅要记住球场信息、服务流程、高尔夫规则以及高尔夫球会规章制度，而且还要记住球员姓名、相貌、个性特点等，靠的就是记忆能力。记忆是一切智慧的根源，是整个心理活动的基本条件。

（二）记忆的基本过程与规律

记忆主要是指和忆两方面，共四个基本过程。

"记"包括识记和保持。识记是把感知过、思考过或体验过的事物在头脑中保留下来，它是记忆的第一步。保持是识记过的事物在大脑中巩固的过程，其实质是与以往加强联系的过程，识记过的事物生动、形象、有意义、数量不多、难度不大、并经常接触，便容易保持，难以遗忘。

"忆"包括再认和回忆。再认是识记过的事物重新出现时，能够熟悉认出来。回忆是识记过的事物不在眼前出现，但由于事物某种条件下的诱发，能在头脑中重现出来，它是检验识记和保持的东西是否记住的标准。一般地讲，凡是能够回忆的事物，就一定能够再认，但能够再认的事物不一定能够回忆。

记忆是一个复杂的心理过程。记是忆的前提，没有对外界事物的识记和保持，就不会有再认和回忆；忆是记的表现和结果，没有再认和重现，记忆就无从得到证明。

（三）记忆的种类

记忆按照不同的标准，可分为不同的种类。

1. 按照记忆内容的不同

（1）形象记忆

以感知过的事物形象为内容的记忆。它是在视觉、听觉、嗅觉、味觉等各种感觉、知觉的基础上形成，具有直观性和概括性。如高尔夫球童对球员的外貌、表情、身材、声音等的记忆。

（2）情感记忆

以体验过的某种情感为内容的记忆，具有积极和消极二重性。如球员对球童的印象、对高尔夫球场的回忆、对球会餐饮某菜品的回味等。

（3）运动记忆

以过去做过的运动或动作作为内容的记忆。如球童对球员挥杆的动作记忆；球员对球童服务时的动作记忆等。

（4）逻辑记忆

以概念、公式、规律等为内容的记忆。它一般通过语词来表现，在各种记忆中起主导作用，是人们进行高级思维活动的基础。如人们学习社会科学和自然科学中有关原理、性质、变化、关系的记忆；球员对打球杆数的记忆；球童对服务质量和工作流程以及工作职责的记忆。

2. 按照记忆保持时间的长短不同

（1）瞬间记忆

又称感觉记忆，保持时间大约 2 秒钟左右。它是外界事物消失后，在人脑中仅保留一个很短时间的印象，具有鲜明的形象性。瞬间记忆信息量大，但不易保持。只有形象性特别鲜明、生动、刺激的情况下，才能保持长久。如球童对一个身材特别肥胖或矮小（高大）的球员或对一个与自己发生过争执的球员的印象。

（2）短时记忆

保持时间大约 1 分钟左右，如果经过多次重复可长时间保持。如球童对某个球道信息的记忆。

（3）长时记忆

保持时间在1分钟以上，甚至保留一辈子。它是在短时记忆的基础上有多次回忆而形成的，对人的生活、学习、工作至关重要。

此外，记忆还可按照记忆时有无明确目的可划分为无意记忆和有意记忆；按记忆方法可划分为理解记忆和机械记忆。

二、记忆在球童服务中的应用

良好的记忆对每个人的学习、工作和生活都十分重要。在高尔夫球童服务工作中，良好的记忆力能帮助球童及时回想出在服务环境中所需要的一切知识和技能，是优质服务的智力基础。

（一）球童在服务中的记忆

1. 球童对球场基本信息的记忆

一名合格的球童，其前提就是熟练掌握自己所工作的球场信息，记住球场的每个区域和每个球洞的具体信息（如球道走向、标准杆、距离、风向、沙坑和水障碍、球洞位置、草的种类与特性、果岭状况等），并且都要深深地牢记在自己的脑海里，这样才能够为更好地从事球童工作打下坚实的基础。

2. 球童对高尔夫专业知识的记忆

首先，球童要记清楚服务流程、高尔夫球规则及相关高尔夫常识，其次，球会对球童的外语水平（尤其是英语和韩语）也有很高的要求，而外语这门学科就是需要有较好的记忆。许多人认为外语难，难在记不住。可见学习外语的关键是记忆。

3. 球童对球员基本信息的记忆

球童还要熟球员的相貌特征、名字和性格、爱好、打球习惯等情况。特别要记住球员的姓名，这是一种礼貌，是一种真诚，能较快消除陌生感。当然，陌生的名字在短时间内容记住，会有一点困难，但关键在于球童是否用心。所有这些都说明球童服务工作要求球童要提高自己的记忆力。

（二）培养良好的记忆力

记忆力是获取、保存、回忆知识经验的能力。一般来说，记忆力的好坏主要表现在记忆的广度、记忆的速度、记忆的持久性以及记忆的准确性几个方面。记忆的广度是指对某材料一次呈现后能正确复现多少。记忆速度是指在一定的时间内记住事物的数量。记忆的持久性是指保留时间的长度。记忆的准确性是指忠实地保留原来的记忆内容。球童要想培养良好的记忆力应从以下几个方面努力。

1. 明确记忆的目的和任务，树立记住的信心

学习和记忆的效果离不开目的和任务，因为目的任务明确与否，会直接影响人的记忆的自觉性、积极性、主动性及计划性。例如，初入职的球童在培训期间学习球道信息时，事先并不打算将球道码数背下来，尽管她读了很多遍，也不一定能完全背下来。但是，如果球童培训主管或经理要求必须背下几个球道码数，并且第二天要检查，这样她有了明确的目的和任务，于是很快就能背下来了。

在记忆的过程中，树立记住的信心也是很重要的。有了信息就能焕发出高度的自觉性，充分发挥主观能动作用，集中注意，全神贯注地去记，记忆力就可以得到充分发挥。

2. 及时复习，防止遗漏

识记过的东西不能回忆起来，或者是错误的回忆就叫遗忘。记忆的过程实质上是与遗忘做斗争的过程。

人的遗忘是有规律的。心理学家研究表明，不重要的和未经复习的内容容易遗忘。遗忘的过程不均衡，先快后慢，先多后少。我们了解了遗忘的规律，就要对所记的材料及时复习，防止记忆之后的快速遗忘。球童在刚学习服务流程及高尔夫球规则时就要注意及时复习，做到巩固记忆。

3. 合理安排记忆时间

心理学家认为，一天有四个时间段记忆效果较好，分别是早晨起床后1小时、上午8点到10点左右、下午6点到8点左右、晚上临睡前1小时。以上四个时间段中，又以下午6点到8点这段时间记忆效果最好，被称为记忆的"黄金时间"。每个人记忆的最佳时间不尽相同，有人属于"百灵鸟"型，喜欢早上记忆，认为头脑清醒；有人属于"夜猫子"型，喜欢晚上夜深人静时去记忆效果最好。只有找到自己的最佳记忆时间，并充分利用这段时间，才能获得满意的记忆效果。

（三）利用科学的方法去记忆

科学的方法可以帮助我们提高记忆的效率。

1. 形象控制法

身心轻松舒适，头脑中出现过去和未来的良好形象和整体形象而增强记忆的方法。

2. 多种感官并用记忆法

在记忆材料时,如果能同时做到多种感官并用:眼看、口读、手写、耳听、脑记就比单纯看或听的效果好。因此,听、说、读、写是外语学习中不可缺少的几个环节。

3. 列表对比法

将记忆的材料,按其结构,用图表归类、对比,通过绘制图表过程帮助记忆。

总之,记忆的方法很多。还有"自编顺口溜记忆法""趣味记忆法",等等。每种方法都不是十全十美的,必须多种方法协同,才能收到良好的记忆效果。良好的记忆力在人的一生中都是很重要的,因此,做好球童服务工作也需要好的记忆力。

【思考与讨论】

1. 记忆的概念是什么?
2. 记忆可分为哪几种?
3. 球童如何运用记忆的特性服务球员?

【拓展阅读】

牢记打球客人姓名的重要性

一次,一位会员带一位客人到某球场打球,当这位客人走到出发台时,还没等他开口,为他服务的球童就微笑着并礼貌地用尊称称呼他,表示欢迎,熟练地为他捆绑球包。这位嘉宾大为吃惊,这是他第二次来这家球场,球场服务人员能记得他的姓氏使他产生一种强烈的亲切感,感到自己受到了重视,受到了特殊的待遇,因而平添了一分自豪感,感到格外开心。

尽可能多地记住球员的名字,尤其是会员和经常来打球的客人的姓名,争取在他们自报家门之前就用姓氏+尊称称呼他们,这是球童工作中应具备的一项重要服务意识。

马斯洛的需要层次理论认为,人们最高层次的需求是得到社会的认可和尊重。自己的名字为他人所知晓就是对这种需求的一种满足。

在服务工作中,主动热情地以"姓氏+尊称"的方式称呼打球客人是一种服务的艺术,也是一种艺术的服务。服务人员借助其敏锐的观察力和良好的记忆力,尽力记住打球客人的房号、姓名和特征,提供细心周到的服务,会给客人留下深刻的印象，客人今后在不同的场合也许都会提起该球场，等于是在为球场做义务宣传。何乐而不为？

模块四　球童服务中的情绪与情感

一、情绪、情感的基本知识

情绪、情感是人们对客观事物所持态度的体验，是人脑对客观世界的一种特殊的反映形式，是人类行为中最复杂、最重要的一面。情绪是人的心理活动中动力机制的重要组成部分，也是个性形成的重要方面。情绪和情感是人对客观事物的态度体验及相应的行为反应。

（一）情绪、情感的概念

人的情绪情感是人和动物或高智能的计算机都不能替代的。当客观事物或情境符合主题的需要和愿望时，就能引起积极的、肯定的情绪和情感。当客观事物或情境不符合主题的需要和愿望时，就会产生消极、否定的情绪和情感。试想，若是一个人没有情绪情感生活，这个丰富多彩的世界，对他将毫无意义，无所谓悲伤忧愁，无所谓幸福快乐，不需要友谊的慰藉，也体验不到爱情的温馨。就本质而言，情绪情感因为客观事物的刺激所引起，是一种主观体验过程，它受态度支配，并受需要制约。

情绪和情感既是在物种进化过程中发生的，又是人类社会历史发展的产物。对于这样一种在漫长的演化过程中发生的多层次质变的现象，想用一个术语来加以标志是困难的。因为，当人们用情绪、情感这类术语来表示这一心理现象时，人们心目中所反应的内涵常常是不同的。例如，有时人们把同生物需要相联系而产生的感情反应称为情绪，而把受社会规范制约的感情状态称为情感；另一些时候人们又在标示感情形式时采用情绪，而在标示感情内容时采用情感。由于日常用语或文字描述对概念的使用发生影响等因素，这类用法通常符合习俗和习惯，然而并非科学用语。

（二）情绪和情感的联系与区别

1. 情绪与情感的联系

情绪和情感是与人的特定的主观愿望或需要相联系的，历史上曾统称为感情。人们的情感是非常复杂的，既包括感情发生的过程，也包括由此产生的种种体验，因此用写意的感情概念难以全面表达这种心理现象的全部特征。在当代心理学中人们分别采用个体情绪和情感来更确切地表达感情的不同方面。

2. 情绪与情感的区别

情绪主要指情感过程，即个体需要与情境相互作用的过程，也就是脑的神经机制活动的过程。情绪具有较大的情境性、机动性和暂时性，往往随着情境的改变和需要的满足而减弱或消失。情绪代表了感情的种系发展的原始方面。

而情感经常用来描述那些具有稳定的、深刻的社会意义的感情。作为一种体验和感受，情感具有较大的稳定性、深刻性和持久性。

情绪和情感是有区别的，但又相互依存、不可分离。情绪是与生理性需要相联系，而情感则更多地与社会性需要、社会认识、理性观念相联系。因此情感带有明显的社会制约性。

表 2-1 情绪与情感的区别

	情绪	情感
需要	天然的、生理、低级的	后天的、社会、高级的
对象	人与动物都具备	人独有
反映	情境性	稳定性、持久性

情绪带有更多的冲动性和外部表现，而情感则较深沉，常以内隐形式存在或以微妙方式流露出来。人们常把高层次的情感称之为情操。它是以高尚的思想为核心，并与人的日常行为和品德相结合的情感倾向，如道德感、爱国、舍己为人、拾金不昧等。

（三）情绪和情感的功能

正常的情绪反应，有助于人适应环境，良好的情感生活有益于身心健康。情绪情感的功能表现在以下几个方面：

增加体能功能。如呼吸急促，是要增进体内的氧化作用；心跳加快、血压升高，是增加血液循环，加强输送作用；部分动作受到抑制，是要节约能量，等等。这时人就会产生较大的力量，去抵抗敌人或逃避危险。人正是有了这样灵敏的机制，奇特的功能，才能更好地适应复杂的环境。

信号功能。情绪情感是人的思想意识的自然流露。如在言语彼此不通的情况下，凭着表情，彼此也可以相互了解，达到交往的目的。

感染功能。人的情绪情感具有感染性。人们之间感情的沟通正是由于情感、情绪的易感性功能，才能以情动情。文学、艺术、电影、电视、戏剧、歌曲和音乐等无不是以情感人。

调节功能。情绪情感能在很大程度上调节一个人的行为活动。当然，情绪情感也由大脑控制，受一个人的世界观所支配。思想水平高的人，就不该完全为情绪情感所左右，单凭感情用事。

二、情绪、情感在球童服务中的应用

球童的情绪、情感是内心的外投射，反应球童当时的心情状态，一切都表现在其外表，因此球童的心情好坏会影响到球童服务工作及服务对象，会给服务工作带来影响，负面情绪会给别人带来不必要的麻烦，甚至会影响到球会的形象等，球童的情绪、情感在服务工作中的意义非同寻常。

（一）打球球员的情绪、情感过程

球童服务是球员在打球时接受服务过程中满足某种需要的社会性活动。一方面，球童的情绪、情感影响着球员的行为；另一方面，球员的行为也受到自身情绪、情感的影响。二者是相互制约的互动关系。

1. 影响球员的情绪、情感的因素

球童在服务工作中，能引起球员情绪、情感的变化的因素是多方面的。主要有以下两个方面。

（1）主观因素

①需要是否得到满足

球员接受球童服务是为了在场下打出好成绩、好杆数的需要。需要是情绪产生的主要前提。如果球童的服务能够满足球员的需要，球员就会产生积极、肯定的情绪打出好的成绩，如高兴、满意等。如果球员的需要得不到满足，就会产生否定的、消极的情绪如不满、失望等，会影响水平的发挥。

②服务过程是否顺利

当球童接到下场服务球员的指令时，以什么样的服务态度和服务方法迎接球员,将直接影响后续各项服务工作。不仅服务的结果会让球员产生愉快或不快的情绪,球童的整个服务过程,都会给球员留下深刻的印象,也会引起球员不同的心理体验。

③身体状况

身体健康、精力旺盛,是使球员打球产生愉快情绪的原因之一。身体欠佳或疲劳,容易产生不良情绪。因此,球童在服务中应随时了解球员的身体状况,并及时地进行分析,以保证服务能正常进行。

(2)客观因素

球童服务活动中的客观条件包括球会提供的服务资源、接待设施、交通等状况。地理位置、气候条件等也是影响球员情绪的客观条件。

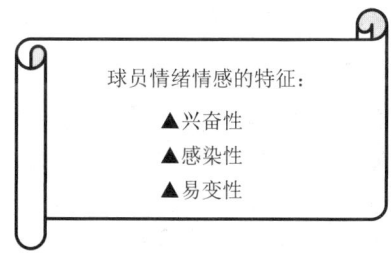

球员情绪情感的特征:
▲兴奋性
▲感染性
▲易变性

2.球员的情绪情感对打球的影响

任何行为都需要一定程度的情绪和情感的激发,才能顺利进行。情绪情感对球员行为的影响,主要表现在以下几个方面。

(1)对动机的影响

要促使球员产生消费的行为,首先要激发球员的消费动机。而喜欢、愉快等情绪可以增加消费活动的动机;悲观、消极的情绪会削弱消费活动的动机。

(2)对活动效率的影响

球员的一切活动都需要积极饱满的情绪状态,才能取得最好的比赛成绩。球员的情绪过高或过低都不利于打出最好的比赛成绩。亢奋的情绪会对打球产生干扰作用,过低的情绪则不能激发能力。

(3)对人际关系和心理气氛的影响

在球童服务中,球童应该细心观察球员的情绪变化,主动引导他们的情绪向积极方向发展,并利用情绪对球员行为的影响作用,创造良好的人际关系和心理气氛,达到服务的最佳境界。

（二）球童对球员情绪的管理

1. 掌握球员的情绪

及时了解打球球员的情绪，并及时地对球员情绪状态进行分析，前提条件是要知道球员的情绪状态发生了什么样的变化（由于天气、气温、服务中的言行等）。要及时地觉察情绪发生变化的原因，考虑这些变化会对球员造成的影响，并以热情、礼貌、周到、耐心的服务，对球员提出的问题加以合理的回答。

2. 了解球员的需要

球员的需要得到满足，球员就会产生积极的情绪。所以说，需要是球员情绪产生变化的基础。有时出于沟通的需要，需要球童多与其交流，使球员在打球过程当中心情愉悦，更放松地完成比赛；有时对于打球服务的需要，需要球童多在打球的策略、瞄球的方向、击球的力度等提出参考意见，有时是身份地位的需要。需要在被服务过程中得到球童的更多的关照等。这就需要球童在服务当中把握球员的不同需要，使球员对球童服务感到满意。

3. 提供个性化服务

随着人们对高尔夫球童服务的要求越来越高，球童不仅帮球员盯球、瞄球、送递球杆、擦拭球杆，而且根据不同球员的打球方法，提供打球的战术策略、高尔夫规则及高尔夫球技术上的指导。有的球童还会在球员打球之余为球员准备应季的水果，进而拉近彼此关系，形成打球的默契，或者根据球员的需要帮助其预订车票、机票、宾馆，等等。

（三）球童自身情绪的调节技巧

高尔夫球童服务时需要学会控制自身的情绪。情绪使人们的生活多姿多彩，同时也影响着人们的生活及行为。随着社会经济的发展，生活节奏的加快，球童服务工作的压力也越来越大，但是作为服务人员，当出现不好的情绪时，却不能随意发泄。从事球童服务由于要经常与打球球员接触，必须学会控制负面情绪，避免不良情绪给自己的工作、生活以及身体带来不良影响。

1. 表情调节

微笑的力量是不可忽视的，也是球童服务时必备的法宝之一。有研究发现，快乐的情绪使脸部肌肉线条柔和，让人愉悦，愤怒的表情让人紧张、感到压力，所以当球童服务中感到烦恼时，用微笑来调节自己的情绪可能是很好的选择。微笑是一种宽容、一种接纳，使人与人之间心心相通。学会微笑，等于拥有了获取快乐的金钥匙。自己给自己一些信心，自己给自己一点愉快，自己给自己一脸微笑，业余时间经常要做一些自己喜欢的事来调节自己，学会寻找愉悦的心情。

球童的微笑可以表达出一种意愿，最能促进与球员打球的合作，是交流的润滑剂，是交际的灵魂。球童的微笑，如和煦的春风，使球员感到愉悦，使自己充满信心。微笑既是一种含蓄，也是一种表达，既是出于礼貌，更是发自内心。美丽的微笑是越过人与人之间的心灵栅栏的捷径，是单调工作氛围中的润滑剂。

2. 人际调节

人际关系对于情绪调节有着重要作用。当球童与不同类型的球员接触时，就是人际关系互动的开始。当球员情绪不好时，可与周围的人多交流或者球童觉察了客人的需要主动与客人聊天。交谈可以使球员暂时忘记烦恼，共同愉快的经历可以增进球员、球童的好感和信任。从心理学角度讲，倾诉能减轻心理负担，达到放松心情，调节情绪的目的。

3. 认知调节

人既是理性的，又是非理性的。当人们坚持某些合理的、不符合逻辑的非理性思考时，便会产生非理性的信念，从而导致不良情绪的体验。

球童可以通过改变自身的认知，来改变自己的情绪。球童应该多读书，丰富内心世界。在为了某件事烦躁时，可以通过对事情进行重新评价，从另一个角度看问题，培养正面思维方式。如在处理任何事情时都以积极、主动、乐观的态度去思考和行动，并促使事物朝着有利的方向转化。服务中正面思维会使球童在逆境中更加坚强，在顺境中脱颖而出，变不利为有利，从优秀到卓越。从认知上改变命运，是事业成功和实现自我的有效途径，它的本质是发挥主观能动性，挖掘潜力，体现球童的创造性和价值。

4. 幽默调节

幽默引起的欢笑可以使人忘却忧愁，忘却苦恼，使人的情绪、心态得到改善，不失为一种调整心态的好方法。

幽默、滑稽等调整方法，可以减少球童工作中的不良情绪，增加欢乐情绪，从而使身心状况得到改善。一般所存在的心理问题，绝大部分只是轻度的心理问题，它是暂时的。看看滑稽作品，如听听相声，看看小品、滑稽戏，听听笑话，在欢声中、欢乐中，不知不觉地就使自己的心态得到调整，变不愉快情绪为愉快情绪。

【思考与讨论】

1. 什么是情绪？球童如何在服务中控制和调节自己的情绪？
2. 举例说明情绪、情感在球童服务中的作用。
3. 球童如何帮助球员管理情绪？

【拓展阅读】

通过人际距离把握社交分寸感

身体语言又称肢体语言，是指由身体的各种动作代替语言，以达到沟通的目的，肢体语言也包括面部表情，同时包括身体与四肢所表达的意义。

心理学家艾伯特·梅拉宾曾得出这样一个公式：感情表达是7%的语言+38%的声调+55%的肢体语言。可见语言在交际中仅占很小的分量，更多的是人的"体态语。"这些千姿百态的体语，是十分微妙、非常有趣的。

谈到由肢体表达情绪时，我们自然会想到很多惯用动作的含义：如鼓掌表示兴奋；顿足代表生气；搓手表示焦虑；垂头代表沮丧；摊手表示无奈；捶胸代表痛苦。肢体活动表达情绪，别人也可由之辨识出当事人所表达的心境。

美国心理学家爱德华·霍尔研究发现：人与人之间的距离可以分为以下几个区域。

1. 亲密距离

15厘米是人际间最亲密的距离，只能存在于最亲密的人之间，通常是在父母与子女、恋人、夫妻之间，彼此能感受到对方的体温和气息。就交往情境而言，亲密距离属于私下情境，即使是关系密切的人，也很少在大庭广众之下保持如此近的距离，否则会让人不舒服。

2. 个人距离

46~76厘米是人际间稍有分寸感的距离，较少直接的身体接触，但能够友好交谈，让彼此感到亲密的气息。一般来说，只有熟人和朋友才能进入这个距离。在人际交往中，个人距离通常是在非正式社交情境中使用，在正式社交场合则使用社交距离。

3. 社交距离

1.2~2.1米是一种社交性或礼节上的人际距离，也是我们在办公室中经常见到的。这种距离给人一种安全感。处在这种距离中的两人，既不会怕受到伤害，也不会觉得太生疏，可以友好地进行交谈。

4. 公众距离

公众距离是 3.7~7.6 米一般来说，演说者与听众之间的标准距离就是公众距离，明星与粉丝之间的距离也是如此。这种距离能够让仰慕者更加喜欢偶像，不会遥不可及，又能够保持神秘感。

了解了交往中人们所需要的自我空间及适当的交往距离，就能有意识地选择与人交往的最佳距离了。

显然，人际距离的变化，是由双方当事人沟通时，在肢体语言上一种情感性的表示：彼此熟悉者，就亲近一点；彼此陌生时，就保持距离。如一方企图向对方靠近，对方将自觉地后退，仍然维持适当距离。

以肢体动作表达情绪时，当事人经常并不自知。当我们与人谈话时，时而摇头，时而摆手，时而两腿交叉，我们多半并不自知。正因如此，心理学家提出一个假设：当你与人说话的时候，你的身体将与对方接近；当你与人说假话的时候，你的身体将离开对方较远。结果发现：如果要求不同受试者，分别与他人陈述明知道是编造的假话与正确的事实时，说假话的受试者会不自觉地与对方保持较远的距离，而且明显身体向后靠，肢体的活动较少，面部笑容反而增多。所以，作为服务人员，要学会通过肢体语言了解他人的真实情感。

人的肢体语言代表的意义

正视前方	安全、信任、诚实、外向
眉开眼笑	心情愉快
避免目光接触	无安全感、恐惧、紧张、不自信
眯着眼	不赞同或不欣赏
点头	同意
拨弄头发	迷惑或不自信
抬头挺胸	自信、果断
轻拍肩背	鼓励与安慰
环抱双臂	愤怒、不欣赏、防御或攻击，旁观心态
指着对方鼻尖说话	相当自负，处于强势地位

续表

站立并向前倾	注意力集中或对人、事感兴趣
喜欢并排坐	有共同感
喜欢对面坐	想了解对方或竞争
坐不安稳	内心不安、紧张
抖腿	紧张、困惑、忘忑
来回走动	不安、受挫、发脾气

模块五 需要、动机与球童服务

一、需要、动机基础知识

（一）需要

1. 需要的概念

需要是生理的和社会的要求在人脑中的反映。

人是自然实体和社会实体的统一，人为了求得个体和社会的存在和发展，必然会争取基本的生存条件。例如，食物、衣服、劳动、交往和尊重等，这些生存、交往的基本条件，就成为他的需要。需要是一种个性倾向，它反映个体对内外环境的要求。需要的基本特征是它的动力性，它和活动紧密联系着，是人的活动的基本动力。研究表明，需要并不因为暂时满足而终止，有些需要可以重复出现，带有明显的周期性特征，如饮食、性和睡眠等的需要；有些需要满足以后，又会产生新的需要，新的需要又推动人们去从事新的活动，在活动中需要不断地得到满足，又不断地产生新的、更高层次的需要，从而使人的活动不断地向前发展。因此，需要永远带有动力的特性。

需要是个性倾向性的基础，它的表现形式是多种多样的，它常以意向、愿望、动机、抱负、兴趣、信念、价值观等形式表现出来。

2. 需要的分类

需要作为动机的基础，它是社会主体对自身生存和发展的一切条件的依赖、指向和需求。需要是个体缺乏某种东西或条件时的状态。从不同的角度，可以对需要进行不同的分类。根据需要的起源，可以把人的需要划分为生理需要和社会需要，根据指向的对象不同，把人的需要可以分为物质需要和精神需要。

（1）生理需要和社会需要

生理需要是生理要求在人脑中的反映。如对饮食、休息、睡眠、一定热量、运动、排泄和性的需要，都是生理需要。它是为了保护和维持机体生存和延续种族的需要。

社会需要是人类特有的需要，如劳动的需要、交往的需要、成就的需要、社会赞许的需要、求知的需要等。这些需要是人在生物需要的基础上，在社会实践和教育的影响下形成的，这是人类所特有的高级需要。反映了人类社会的要求，对维系人类社会生活、推动社会进步有重要的作用。这种需要得不到满足，虽然不会威胁到机体的生存，但是，人会由此产生不舒服的感觉和不愉快的情绪。

（2）物质需要和精神需要

物质需要指向社会的物质产品，并以占有这些产品而获得满足，如对工作和劳动条件的需要、对日常生活必需品的需要、对住房和交通条件的需要等。

精神需要指向社会的各种精神产品，如对文艺作品的需要，欣赏美的需要，阅读报纸、杂志和观看电影、电视的需要，球员打球的需要等，这些需要是以占有某些精神产品而得到满足的。

物质需要与精神需要有着密切的关系。人们在追求美好的物质产品时，同样表现了某种精神的需要，如向往整洁、雅静的住房，入时的衣着、外观美丽的手机，球员向往绿草如茵的高尔夫球场等。而精神需要的满足又离不开一定的物质基础，如满足阅读的需要不能没有报纸、杂志、书籍、电脑、手机等物质条件；满足艺术欣赏的需要不能没有乐器、表演场地及表演者的服饰、音响，满足打高尔夫球的需要就得需要球具、高尔夫专业服装、绿草如茵的高尔夫球场和球童的专业化服务等。

3. 需求的相关理论

关于需求的相关理论，在心理学界存在不同的理论观点，比较著名的有默里（Murray，1938）的需要理论和马斯洛（A.H.Maslow，1908—1970）需求层次理论（Hierarchy of Needs）等，其中马斯洛的需求层次理论影响最大。

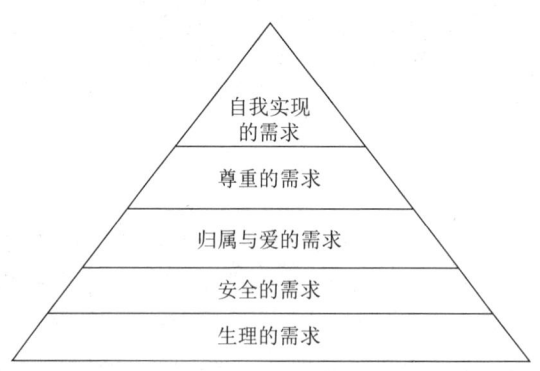

马斯洛的需求层次理论

需求层次理论是美国心理学家马斯洛（A. H. Maslow）1943年提出的一种关于人的需求结构理论。该理论基于以下两个基本假设。

人主要是受满足某种需要的欲望所驱使的需求动物。人类的需求是无止境的，当个人满足一种需求之后，就会产生另一种需求。

人类所追求的需求具有普遍性，这些需要有层次之分。由此，马斯洛把人的需要分为五个层次。

其中，生理需求是维持人类自身生存的基本需要，是人类最原始、最基本的需要，如衣、食、住、行、性等方面的要求。在生理需求得到满足之后，人就会产生安全需求，如避免职业病及事故，摆脱失业威胁及某些社会保障的需求。再上一层需求，是社交的需求，如满足归属感，希望得到友爱等。尊重需求可分为内部尊重及外部尊重。前者指希望自己有实力，后者指对社会、威望的需求。自我实现的需求是个人的最高需求，要求实现个人抱负，施展才能。马斯洛认为，上述五种需求是按次序逐级上升的。当下一级需求获得满足之后，追求上一级的需求就成为行动的动力了。

1954年，马斯洛在《激励与个性》一书中探讨了他早期著作中提及的另外两种需求：求知需求和审美需求。这两种需求未被列入到他的需求层次序列中，他认为这两者应居于尊重需求与自我实现需求之间。但有人还是将其组成了七个层次。

人的五种基本需要在一般人身上往往是无意识的。对于个体来说，无意识的动机比有意识的动机更重要。对于有丰富经验的人，通过适当的技巧，可以把无意识的需求转变成有意识的需求。

马斯洛还认为：人在自我实现的创造性过程中，产生出一种所谓"高峰体验"的情感,这个时候人处于最激动人心的时刻,这是人存在的最高、最完美、最和谐的状态,这时的人具有一种欣喜若狂、如醉如痴、销魂的感觉。

(二) 动机

1. 动机的概念

动机是直接推动个体行为达到一定目的的内部动力。

动机是一种内在推动力,具有主观能动性。人的一切活动都是由这种内驱力引发的,它是个体行为的直接原因。动机为个体行为提出明确的目标,赋予人行为活动的价值和意义。

动机是十分复杂的。这种复杂性表现为:①动机与行为不是简单的一一对应的关系。同一动机可以产生不同的行为,个人的同一行为也可以由不同的动机所引起。②个体的行为往往受多种动机支配。③个体口头表示的动机往往未必是真实的动机。④个体真正起作用的动机与其所明确意识到的动机未必是一致的。

2. 动机产生的条件

动机是由需要激发的。需要是人行为活动的原动力,是动机形成的内部原因。个体与环境的平衡一旦被打破,主体便会形成某种需要。需要使个体处于紧张和焦虑状态,这种心理上的焦虑就成为一种刺激作用于自身,变成一种推动力。个体在这种推动力的驱动下,便会导致某种行为以满足其需要。

有了需要才能产生动机,但需要产生之后并不一定就成为推动人行为活动的动力。需要转化为动机还存在一定的条件。

首先,需要的强度必须达到一定的水平,才可能成为动机并引发形为。个体的需要是多种多样的,在同一时空条件下可能存在许多不同的需要,有些是主导需要,有些是次要需要;有些被主体意识到,有些并未被主体意识到;有些需要需求程度强,有些则很弱,处于朦胧状态的需要,对主体的刺激较弱,只能引起个体产生不安之感,还不足以被意识到。随着刺激信息的加强,需求度增强,个体便逐渐明确意识到是什么事情使之感到不安,意识到可以通过什么手段能够解除这种不安感,即满足自身需要。这时需要由意向阶段转化为愿望阶段。例如,天气转冷之后,习惯于穿衬衣的人们最初只是微感不适,随着凉意的加深,人们便纷纷意识到到了该添衣服的时候了,因而便有了添加衣服的愿望,并会随之导致相应的行为活动。

其次,还必须有一定的外部条件或诱因。愿望要转化为行为的动机,还必须存在一些足可以通过行为而满足愿望的外在诱因。一般说来,有了诱因条件，人才能为满足需要、实现愿望而采取行动；否则，愿望将不可能转化为动机。例如球童有了不断提高自身服务能力的愿望，如果运作经理或球会管理者没有创设这样的环境条件，球童也不可能将这种愿望转化为实际行动。相反，如果运作经理或球会管理者能够善于发现、重视、奖励这些有益于球会发展的愿望，这种愿望就会被转化为动机和行动，直至转化为效益。

因此，从某种意义上说，需要和动机是相似的，需要是个体心理和行为的最初推动力，即原动力，动机则是需要的直接体现；需要一旦转化为直接推动人行为活动的原因时，需要就转化成了动机。

3. 动机的分类

心理学中关于动机的分类方式很多，但其中的两种分类方式最具代表性。

(1) 依据动机的起源分类

根据动机的起源，可以把动机区分为原发性动机和继发性动机两类。

原发性动机也叫生理性动机，是指那些与生理需要的满足有关的所有行为动机，它起源于个体身体内部的生理平衡的变化，是一切生物体共有的一种原始驱动力。即指那些个体为解除饥饿、渴，满足睡眠、性、冷暖需求，免受痛苦、伤害等所采取行为的内在动力或原因。

继发性动机也叫衍生性动机，是指那些起源于社会因素或心理因素而形成的动机。它是个体为满足社会需要或心理需要而引起行为的原因。因此，继发性动机是一种习惯性动机。这种特性决定了继发性动机比原发性动机更复杂，更富有多变性。继发性动机还可以进一步区分为社会性动机和心理性动机。

(2) 依据行为目标的指向分类

根据行为目标的指向不同，可以把动机分为内部动机和外部动机两类。

内部动机是指个体对活动本身或活动过程的兴趣而产生的动机。在内部动机驱使下，个体行为的目标直接指向行为活动本身。通过行为活动的过程，个体能获得满足感、成就感，这种自我酬赏、自我奖励构成了其行为的根本动力，而无须外在的强化。例如球童服务特别喜欢和感兴趣的球员时，这本身就是驱使其克服困难、愉快工作、进一步提升服务质量的动力。

布鲁纳认为，内部动机包括三类：一是好奇心、求知欲所引发的内部动机；二是好胜心、成就欲所引发的内部动机；三是互惠欲、协作欲所引发的内部动机。

外部动机是个体对活动结果的兴趣而产生的动机。外部动机所引发的行为，其目标不在于活动本身或活动过程，而在于行为活动可能给个体带来的某种结果。那些可以预期的结果，能使个体获得满足或愉悦，从而构成了其行为的驱动力。外在的强化和影响是诱发外部动机的主要原因。例如，有些球童为不受惩罚而准时上下班，遵从球会的各项规章制度；为获得球员好评或获得更多小费为球员尽心尽力服务；为得到晋级、晋升、表彰而努力工作等。球童的这些因为希望通过努力工作为自己带来预期结果或酬劳而产生的工作动机，都是外部动机。

内部动机和外部动机可以相互转化。在一定的条件下，外部动机可以转化为内部动机；而如果外部强化手段不当，也可能使内部动机向外部动机转化。比如，如果一个人本身对某项工作很感兴趣，随即又受到外部奖励时，就很可能把本来认为内部动机引起的活动看作外部动机引起的活动。

人们在从事一些复杂活动时，其行为的动机往往不止一个，而是由几种不同的动机共同驱动的。这些不同的动机对行为影响力是不同的，因此，动机还可以根据其对行为影响力大小的不同，分为主导动机和辅助动机（即次要动机），主导动机是对个体行为起核心推动作用的动机，即优势动机；辅助动机则只具有次要作用，是弱势动机。

二、需要、动机在球童服务中的应用

动机是由需要激发的。需要是球员产生打球活动的原动力，是打球动机形成的内部原因。当球员不论是为了锻炼的需要、社交的需要、美的需要，抑或是为了自我价值实现的需要而产生一个打球的期望后，就产生了紧张的状态，就产生了来球会打球的动机，这种唤起球员打球的欲望就是一种驱动力。所以球员的需求是一种表现的形式。球员一旦顺利地打好球，这种紧张便会减轻，打球动机也就暂时消失，这时新的动机或者是另一种动机就会产生（比如，聚餐的动机等）。球童理解打球球员的动机就会理解球员会做哪些，什么是他们要做的事情。要为不同动机（锻炼的动机、交友的动机等）的球员提供更加有针对性的服务。

球员来球会打球一般来说是有着一定动机和需求的，根据马斯洛的需求层次论，球员的需求也有不同的七个层次或更多的层次，分别是：

（一）生理上的需要

这是人类维持自身生存的最基本要求，包括衣、食、住、行等方面的要求。如果这些需要得不到满足，人类的生存就成了问题。从这个意义上说，生理需要是推动人们行动的最强大动力。生理需求也是球员来球会打球最基本的需求。他们首先要考虑球场的品质、考虑球会的交通条件、球会的餐饮和住宿情况，甚至在打球时穿什么样的服装，使外表精干、舒适等，他们要求在球会吃、喝、住、行有较好的服务以维持身体打球的基本条件，并进一步寻求安逸、省力、松弛和宁静的身心体验。因此，球会提升并满足球员的最基本的衣、食、住、行等生理方面的要求是必须的。另外，如果是天气方面，如太阳照射比较厉害或有雷雨等特殊天气情况下，球会都要做一些安排。这些活动都是通过球童进行的，因此，球童首先要懂得满足球员在生理方面的需要，是做好服务工作的基本前提。

（二）安全上的需要

这是人们为保障自身安全、避免事业和财产的损失，避免职业病的侵害，争取更好的劳动条件和劳动保护等方面的满足。马斯洛认为，整个有机体是一个追求安全的机体，人的感受器官、效应器官、职能和其他能量主要是寻求安全的工具，甚至可以把科学和人生观都看成满足安全需求的一部分。球员来球会打球都有摆脱压力、困境、忧虑和担心，放松身心的需要，希望能在一个温馨、舒适、平安的环境中交友或健身。在打球过程中，安全是非常重要的，如果球员的安全需要得不到保证的话，球员对球会的信任感就会大大降低。球员对安全需要主要有这样几点：球员身份信息的不外泄，球员打球时给予及时的安全提示，球员找球时要适当提醒防止蛇虫咬伤、雷雨天的安全提醒及服务、球童车的安全舒适以及饮食的新鲜、美味可口等。

（三）社交的需要

这一层次的需要包括两个方面的内容。一是友爱的需要，即人人都需要伙伴之间、同事之间的关系融洽或保持友谊和忠诚；人人都希望得到爱情，希望爱别人，也渴望接受别人的爱。二是归属的需要，即人都有一种归属于一个群体的感情，希望成为群体中的一员，并相互关心和照顾。感情上的需要比生理上的需要来得细致，它和一个人的生理特性、经历、教育、宗教信仰都有关系。球员来球会打球除了强身健体外，从本质上说是社交方面的需要，也有奉献和给予的需要。他们返回大自然，换换环境，需要通过新鲜、有趣的活动，自由自在地结交朋友。球会的服务及设施要使球员感觉到周到、安全。球童要主动为球员交往提供方便，如果有可能，应该为球员主动介绍一些其他的会员，增大会员的交往面，从而满足球员社交方面的需要。球员希望在这一群体找到自己的归属感和志趣相投、事业互助的朋友。因此，球童应该知道自己球员这种深层需要，利用高超的语言技巧，适当提示球员融入相关的社交圈子。

（四）尊重的需要

球员都有满足自尊心、虚荣心的需要，他们具有雄心和自傲。尽管大部分人在社会上是很普通的人，但却希望别人将他作为一个不同于一般人得到更多重视、欢迎。让他们体验到所有员工态度的友善和礼貌周到的服务。球员在打球的整个过程中，都应得到球会和球童的充分尊重，因为球会对球员的尊重主要是体现在球童那里。所以，球童无论是语言上还是行为上，要处处体现出对球员的尊重，要让球员体验到一种尊荣感。

（五）求知的需要

球员往往有寻找的经历，要丰富自己的地理知识、历史知识、艺术知识以及丰富自己的阅历，所以对球童的知识面有一定的要求。球童不但要对工作的球场了如指掌，还要对高尔夫球运动相关知识有所了解，对本地区风土人情都要知晓，并能及时介绍给球员。打高尔夫球本身也是一种挑战，是一种对自身能力和毅力的挑战，对于富有挑战精神的球员来说，球童的即时鼓励和赞赏对球员来说是非常重要的，球童开阔的视野和丰富的知识，使球员求知的需求也得到了满足。

（六）美与回归自然的需要

许多球员为逃避城市繁闹的环境、社会的约束、烦琐的家庭生活以及忙碌的日常工作来球场打球。他们大都有一种向往自然、向往美、展示美和谐优雅姿态的倾向。优雅流畅地挥杆，而且在蓝天白云衬托下，碧绿的树林草坪配上漂亮的高尔夫服装是一种天然的美丽图画，因此球童不仅是和球员一起在大自然中活动，更重要的是要有爱护大自然、爱护环境的理念，这样的健身活动才能有和大自然融为一体的和谐美。球童要学会赞美并能用照相机或手机留下球员优雅流畅的挥杆动作和亮丽的身影，那是一种美的展示。球员看到自己在打球的这一时刻优美的身姿，必然有一种回归自然的满足。

（七）自我实现的需要

来球场打球的球员大部分是政治或经济上的成功人士。商场上的竞争、事业上的忙碌、生意上的应酬，促使他们对高端运动有了迫切需求。高尔夫的贵族运动特点和平缓的运动节奏非常适合这类人，因此他们会热衷于这项高雅、文明、健康、时尚的贵族运动。徜徉于蓝天白云下、挥杆于绿草如茵的高尔夫球场，再有球童给予的无微不至的周到的服务，颇有一番人生价值实现感。

球员打球动机是由打球需要激发的。打球需要是球员来球会活动的原动力，是打球动机形成的内部原因，打球动机则是打球需要的直接体现。打球需要一旦转化为直接推动球员打球活动的原因时，打球需要就转化成了来球会的动机。所以球童在根据球员打球需要提供个性化专业服务时，也要适时地挖掘球员的打球需要，激发球员来球会打球消费的动机，从而增加球会的场地使用效率、营业收入和球童个人的薪酬收入。

【思考与讨论】

1. 需要和动机概念分别是什么？
2. 马斯洛的需求层次理论是什么？
3. 球童如何根据球员的需要提供个性化服务？

【拓展阅读】

颁奖典礼与需求层次

颁奖往往会举行典礼，目的是什么呢？为什么不把奖金及奖品直接发给受奖者呢？这只是一个形式吗？在很多人眼里认为，这只是自然而然或是理所当然的事情。其实，这仪式的背后是较高层次的需要——自我实现及尊重的需要，而有些人只是这样做，但未认识到它是如何发挥作用及如何更好地利用了人们需要被尊重的理论。

在电视上，我们经常见到颁奖典礼的场景：

典礼的主持人在颁奖台上聚光灯下，用清晰而洪亮的声音，念到某某人名字的时候，那个人会激动地从座位上站起来，顺手整理一下本来就已经很整齐的衣服，可能还会与左右的人拥抱，并向其他人鞠躬，在大家的掌声中，他从容地走到主席台上的聚光灯下，发表一番感慨。那时，他心里是无比自豪的，而下面的人则无比羡慕。在获奖的那一刻，他感觉到他的努力得到了权威组织的认可，也得到了更多人的尊重，而自我的价值也被现场的镁光灯和人们羡慕的目光所证实。于是，自我实现的需要在更高程度上得到了满足。这将激励他更努力地去工作。其实，像比尔·盖茨、李嘉诚这样的人物，金钱对他们已经就是个数字而已，他们所得到的尊重，在某种程度上，已很难被超越，但他们仍然在努力地工作着，是什么在激励着他们呢？是自我实现，在更高程度上实现自我的价值。

马克思主义认为，个体的需要是个体行为积极性和动力的源泉和基础。人有了物质方面和精神方面的需要，才会产生行动的积极性。正是人的各种需要，促使人们追求各种目标，并进行积极的活动，去实现这些目标，以满足需要。人对某一方面事物需要越强烈，他的积极性就越高，动力就越大。因此，需要总是带有动力性、积极性的，而且需要的水平也总是在不断提高的。

1954年，马斯洛在《激励与个性》一书中探讨了他早期著作中提及的另外两种需要：求知需要和审美需要。这两种需要未被列入到她的需求层次序列中，他认为这两者应居于尊重需要与自我实现需要之间。但有人还是将其组成了7个层次。

人的五种基本需要在一般人身上往往是无意识的。对于个体来说，无意识的动机比有意识的动机更重要。对于有丰富经验的人，通过适当的技巧，可以把无意识的需要转变成有意识的需要。

马斯洛还认为：人在自我实现的创造性过程中，产生出一种所谓"高峰体验"的情感，这个时候人处于最激动人心的时刻，这是人存在的最高、最完美、最和谐的状态，这时的人具有一种欣喜若狂、如醉如痴、销魂的感觉。

实验证明，当人待在漂亮的房间里就显得比在简陋的房间里更富有生气、更活泼、更健康。一个善良、真诚、美好的人比其他人更能体会到存在于外界中的真善美。当人们在外界发现了最高价值时，就可能同时在自己的内心中产生或加强这种价值。总之，自我感觉较好的人和处于较好环境的人更容易产生高峰体验。

马斯洛的需要层次理论，对揭示人类复杂需要的普遍规律性做出了贡献，且具有直观、易于理解、相对较合理等特点，因此成为国内外许多管理理论的重要基础。

模块六 态度与球童服务

一、态度的概述

（一）态度的定义

态度，是个体对某一对象所持有的评价和行为倾向。态度的对象是多方面的，其中有客观事物、人、事件、团体、制度及代表具体事物的观念等。

态度是管理心理学的重要研究内容。著名心理专家郝滨老师曾指出："对一份工作的主观评价，在很大的程度上决定了工作态度和工作效率。"人们的态度在很大程度上受到价值取向的影响。不过，态度针对具体的人或事物，而价值取向则更为广泛。我们这里所说的态度是指在球场工作环境中对球员或球童服务这项工作做出积极或消极反应的心理倾向。工作态度是对工作所持有的评价与行为倾向，包括工作的认真度、责任度、努力程度等。球童的工作态度就是球童对球童工作所持有的评价与行为倾向。

（二）态度的特征

1. 态度具有对象性

态度是有对象的，它总是针对某种事物、人、事件、团体、制度及代表具体事物的观念等。球童在服务的过程中，主要的服务对象就是球员，而球员有时又来自不同国家、不同民族，接受过不同程度的教育，还存在着性别方面的差异等。球童在为球员服务时不要先入为主地将球员进行等级划分，认为哪些国家的球员比较大方、受过高等教育的人会更容易相处、女性客人相对比较挑剔等。而是应该对球员一视同仁，要拿出热情的服务态度，在双方没有建立认知的时候快速地建立与球员之间良好的第一印象，逐渐深入了解球员，培养更多的话题，使整个打球过程更加轻松、愉悦。

2. 态度具有评价性

它意味着是否赞同该人或该事物。很多对球童工作不了解的人认为，球童只是一个单纯的服务性岗位，没有什么技术含量，也不会得到应有的尊重和认可。一个合格的球童，不但要有球童工作做好，良好的服务意识，同时，必须掌握一定的专业基础知识，要会打球、懂规则、知礼仪、能教学，并且要熟悉球场环境，在球员打球时及时给出合理的打球建议，帮助球员更好地提高打球成绩。球童是球员的助手，当球员在球场上遇到困难时，球童是能够帮助他提升技术的人，也就是他的贴身教练和打球指导。所以，要正确定位球童的工作性质，以提高球童的自信心和责任心，帮助球童更好地适应工作。

3. 态度具有稳定性

态度相对于情绪具有稳定性，它是一种对事物比较持久的而不是偶然的倾向。球童在长时间疲劳工作过程中，有时也会出现不良情绪，进而影响球童正确的服务态度和服务质量。所以，球童一定要正视自己的工作，不轻视自己的价值，并且在服务工作中看到自己的未来，为自己制订职业规划。能够借助球童工作的平台，发现自身的优势和长处，在做好本职工作的同时，不断地充实、完善自己。怀着积极的心态，持之以恒地朝着自己规划好的职业道路去努力，会取得较广阔的职业前景。

4. 态度具有显现性

态度是个体内在的心理状态，往往不能为别人所直接观察到，但它最终会通过当事人的言行表现出来。态度决定行为。当球童发自内心的喜欢自己所从事的这份工作、喜欢球员时，就会以更积极、主动的态度去为球员提供服务。球员在接受球童提供的服务时，不能够直接看到球童的内心活动，但通过球童的服务态度，可以判断出球童的认真程度和对自己的喜爱程度。当球员看到球童服务过程中的主动性和对自己的喜爱时，能够感受到球童积极、努力的心理状态，会更加认可球童，更愿意和球童成为朋友，使打球过程变得愉快，有助于提升球员的回场率。

（三）态度的作用

为什么人们会产生这样一种态度而不产生另外一种态度，可能在于它是为一定的心理功能服务的。心理学家认为，态度具有如下作用。

1. 习惯性作用

习惯性也叫适应性，这种功能使得人们寻求酬赏与他人的赞许，形成那些与他人要求一致并与奖励联系在一起的态度，而避免那些与惩罚相联系的态度。

球童在服务的过程中应选择和培养热情、积极、主动为球员提供服务的工作态度。受"首因效应"的影响，球童与球员初见时缺少认知度，彼此之间不了解，良好的"第一印象"可以快速拉近球员与球童之间的距离。因此，首次服务时球童更应该热情、积极、主动迎接球员，让球员感受到球童愉悦的情绪和对球员的喜爱，从而使接下来的打球过程变得更加顺畅，这种对球童建立良好的认知，使球员再次回到球会时依然愿意接受该球童为他提供服务，不但提升了球员的回场率，而且为球会和球童带来更多的收益。

2. 持久性作用

态度的持久性决定了人们面对环境时忍耐性的高低，形成人们对某件事、某个人、某个环境持之以恒的态度。

每场球的打球时间为4~6小时，球场总长度为6000~7000码，球童在陪伴球员打球的同时还要做好服务工作，并且要做好与球员之间的沟通工作，保证打球过程的顺畅度和愉悦性。因此，球童工作是非常辛苦的，球童只有具备乐观、吃苦耐劳的工作态度，并且要在工作中找到乐趣性，才能够提升自己的忍耐性，克服工作中的困难。才能将热情、积极、主动的服务态度贯穿整个服务过程，做到有始有终。

3. 认真性作用

态度的认真性可以改变人们的具体行为，决定执行力，形成细致、认真、专注地面对事物的态度。

认真的服务态度，要求球童在每一个服务细节中都具有高度的专注力，考虑到球员的内在需要。为球员做好每一次报码、递杆、盯球、收杆、摆线等工作，认真做好每一个细节，让球员感受到球童的专业性。同时，及时、迅速地递上毛巾、水、防晒霜等用品。认真的服务态度可以双赢，一方面能够让球员感受到球童对自己的关心，在服务中得到满足，另一方面也有助于球童快速地自我提升。

4. 调节性作用

态度的良好程度决定人们的行为表达。服务态度是反映服务质量的基础，优质的服务是从优良的服务态度开始的。

良好的服务态度可以提升球童与球员之间的沟通效率，避免球童与球员之间矛盾和冲突的产生。球童在服务的过程中会遇到各种各样的球员，其中包括一些刁钻、挑剔、脾气暴躁的球员，当与这些球员沟通不顺畅时，可能引发矛盾冲突。当对客矛盾产生时，球童应采用良好的服务态度来化解已产生的矛盾，正确面对球员的批评，真诚地向球员表示歉意，快速地找出解决问题的方法，利用良好的服务态度调节已产生的对客矛盾，大事化小，小事化了。

5. 认知性作用

从认知心理学的观点出发，态度有助于我们利用有关的知识，从而使世界变得更加美好、和谐。对有助于我们获得知识的态度对象，我们更可能给予积极的态度，这一点相当于认知图式的功能。

6. 自我防御性作用

态度除了有助于人们获得奖励和知识外，也有助于人们应付情绪冲突和保护自尊，这种观念来自精神分析的原则。

如果球童在工作中由于自己能力差，得不到认可，却经常抱怨同事和领导对自己的不认同。并没有意识到是自身的专业水平不足，缺乏敬业精神，导致他的服务能力差而得不到别人的认同。当这类问题出现时，应该改变自己怨天尤人的态度，努力提升自己的专业水平和服务态度，而不是抱怨别人。

7. 价值表现性作用

态度还有助于人们表达自我概念中的核心价值。

球童在工作中也希望受到球员的喜爱，得到别人的尊重，展现自我价值。但如果不能做到对高尔夫运动的热爱，对球童服务工作的热爱，对所服务球员的热爱，又怎么能够得到球员、同事、领导对自己的喜爱呢？当球童在服务工作中得到越来越多人的喜爱和认可时，也会使他获得内在的满足感，从而更加热爱自己的工作，带着愉悦的心情投入到工作中，从而展现自己的核心价值。

二、态度在球童服务中的应用

球童的主要工作就是为球员提供服务，而服务质量的好与坏是由球员来评价的。球员在打球过程中享受到的服务能够满足他的需求即为优质服务，反之，需求得不到满足即为劣质服务。而提供优质服务的前提就是要有良好的服务态度，良好的服务态度主要体现为充分地尊重球员、主动发现球员的每一项需求、以真心的微笑和热忱的服务态度去提升球员的打球乐趣。

（一）充分尊重球员的服务态度

尊重是一种品格、是一种修养，更是一种态度。球童与球员之间的交流，应该建立在尊重的基础之上，尊重别人会让人心情愉悦，可以改变陌生或紧张的关系。球童尊重球员的同时也是尊重自己，优质服务会得到球员对自己的尊重。球童应该学会设身处地为球员着想，不损害球员的利益，维护球员的尊严。在球场上，球童会遇到来自世界各地的球员，他们习俗不同、容貌不同、性格不同、习惯不同职务不同、年龄不同。因此，在服务的过程中球童应做到以下几点。

1. 对待球员要有礼貌

球童在为球员提供服务时应注意自己的形象，在整洁、端庄、大方，服务的同时还要使用文明用语。

球童随时要向球员展现自己良好的个人形象和精神面貌，以便给球员留下良好印象。良好的印象会让彼此后续的打球过程变得更加愉快。因此，球童应时刻注意自己的个人仪表、仪态，统一穿着球会订制的球童服装，球童服应勤洗勤换，保持服装整洁无异味。在与球员交流时，应做到举止落落大方、彬彬有礼、使用敬语称呼球员，言谈举止都不要太过随意。

2. 与球员交谈时目光要专注

球童与球员交谈时，目光应专注地落在球员身上，不要让球员感觉到你没有在听他讲话，或是对他所讲的内容漠不关心。

球童在与球员交谈时要面含笑意、目光柔和且专注地投放到球员的面部区域,同时配合点头、微笑等肢体语言,以表示对球员所表述的内容十分认同,让球员感受到球童认真聆听的态度。在与异性球员交谈时,且忌目光随意,上下打量球员,甚至将目光停留在敏感部位。

3. **不要随意打断球员讲话**

球童不要轻易打断球员的讲话,即使有观点不一致的地方,也先请球员将具体思想表达清楚,再发表个人建议。

球童与球员交流时,可能会对球员所讲的内容产生不一定认同,当你对球员产生不同意见时,不要随意打断球员的讲话,更不要表露出不屑一顾的样子,等他讲完后再发表个人意见与球员进行交流,使谈话自然、得体、顺畅,避免尴尬的场面出现。

4. **学会欣赏、接纳球员**

球童在服务时常常会遇到自己不喜欢或自身有打球缺点的球员,比如不喜欢球员的国籍、职业、身材、容貌、口音、脾气等。新手球员刚刚下场,打球技术和打球成绩不一定好,球童为这样的球员服务会比较辛苦,但每个球员都会从新手开始的,不要因为这些不足就产生负面情绪,要学会接纳和欣赏每一位球员,不要随意取笑球员,更不要在球员背后窃窃私语,这些都是对球员的不尊重。

(二)认真的服务态度

球童工作既是体力活动,也是脑力活动,其中的辛苦和劳累如果没有亲身体验过,实在是难以想象的。不管场上是刮风下雨还是烈日炎炎,球员不喊停止,球童就得继续服务,打一场球需要4~6个小时,没有一点服务意识是坚持不住的。在如此辛苦的工作环境中,球童会因为身体的疲劳而无意中降低了服务的水平,这样,会对球员的打球成绩产生间接的影响。球童应努力克服这些工作中的困难,用认真的服务态度对待每一名球员、做好每一场服务、注重每一个细节。

1. **认真介绍球道信息**

球道信息包括球场的设计风格、球道的码数,每一洞的标准杆、果岭的倾斜度、当天的风向、最佳落球点、正确距离、沙坑和水障碍区的分布情况、界外线和旗杆的位置等。球童认真准确地介绍球道信息,可以帮助球员打好球。

2. **认真帮助球员选择击球球杆**

详细地介绍过击球信息后,球童应马上询问球员选择球杆的型号、材质,并在球员的选择不合理时提供合理化建议,及时递出球员想要的球杆,以便球员更好地发挥击球水平。

3. 认真做好盯球工作

球员击球后，球童应注意力高度集中，注意球的飞行轨迹和准确落点。球如果落在障碍区时，应牢记参照物，再根据参照物寻找球。如果在球场上经常出现盯球不准，形成遗失球，不停地寻找球的过程，会浪费时间进而影响球员的打球情绪，甚至打球成绩。

4. 认真做好球场维护工作

做好球场维护工作，可以延长球场的使用时间，同时为后组球员降低击球难度。球员击球时，如果将球打入前组球员的打球痕迹中，会增加打球的难度，影响球员打球情绪。球场草坪环境差同样也会影响球员打球的心情，降低球员的"回头率"。因此，球童应及时做好球场维护工作，用优美的环境吸引球员。

5. 认真做好果岭标识工作

在果岭为球员准确看线并做好标识工作是很重要的，看线不准确会直接影响球员推球进洞，如果球童在果岭上把看线摆球完成得非常专业，就会大大提高球员推球进洞的准确性。

6. 认真做好球杆清洁工作

球童需要在出发时认真清点球杆，并且认真检查每一个球洞，做好球杆的收纳工作，不发生遗漏情况。球员每次击球后对球杆的清洁工作也非常重要。因此，球童在球员每次击球后都应对球杆进行清洁，并且在球员打球结束后将清洁好的球杆有序地摆放于球包内清点后交给球员，以免将球杆遗落在球会。

做事最怕"认真"二字，球童如果在服务过程中以认真的态度做好服务工作，即使在工作中偶尔出现了差错，球员也会因为球童认真的态度给予谅解，毕竟球员是最清楚球童的辛苦的，很多时候，球员对球童的服务做出差评、投诉，都是因为球童在工作中的不认真，导致了球员产生不满情绪。

（三）专业的服务态度

球童在为球员提供服务时，应时刻表现出自己的专业性水平。专业、优质的球童服务应做到以下几点。

1. 熟练掌握和运用高尔夫规则

球童必须掌握和运用高尔夫规则，球员在场上打球时经常会遇到涉及高尔夫规则的问题，当球陷入困境时，球童应及时借助高尔夫规则提供相应的补救方案供球员选择，帮助球员摆脱困境。

2. 提供专业的技战术指导

球童必须了解每一支球杆的使用性能和击球距离，掌握每一球道、球洞的信息，适时给予球员提供恰当的击球建议。

3. 准确完成球包转送工作

球童必须从接到球员的第一刻起，严格按照球会的规定为球员服务，按照规定的时间下场并在打球结束后将球员的球包清点整理好，并完成球包的转送工作，这才是一次完整的打球过程。一定要避免球员找不到球包的尴尬或球包遗失的情况出现。

4. 提供安全平稳的球车驾驶服务

为球员打球时提供熟练的球车驾驶服务，要保证驾驶球车时的平稳安全。

5. 提供及时的安全提示

球童有义务保证球场上任何人员的安全，当球员准备击球前应观察好前组球员所在的位置是否已经走出击球范围，进入安全区域，当前组球员未进入安全区域，要做好安全提示，劝阻球员击球，避免出现人身安全事故。

6. 保管好球员的个人物品

球员来球场打球是为了体验打球的快乐，不希望在球场上有物品遗失的情况发生，不论球员的个人物品是否贵重，球童都应妥善保管，避免物品的损坏、遗失。

球童的专业性服务非常重要，球员打球希望有较好的球场品质，更希望为他服务的球童具有较强的专业性，从而提高自己的打球成绩。

（四）微笑的服务态度

每一位球员都希望得到球童热情周到的服务，希望被关注、被尊重、被赞美、被人了解、被人用心对待等。球童服务的态度将直接影响服务行为，热情的服务行为会让球员在打球过程中产生愉悦感，带着愉悦的心情打球自然能够打出好成绩。

1. 主动微笑

球童在为球员提供服务时要面带微笑。微笑是人与人之间最好的润滑剂，也有人说微笑是最好的国际语言，因为每个人都喜欢跟开朗快乐的人在一起，当微笑出现的时候，冰山都会被融化。同时，微笑也是拉近球童与球员距离最好的方法。

2. 主动赞美

发自内心的赞美会令人心花怒放，赞美也是人与人之间沟通的润滑剂。当球员打出一个好球的时候，球童要立刻大声喊出"好球！"，这是对球员最直接的夸奖，大声喊出来也是为了让其他的球员听到，吸引更多关注的目光。

3. 心怀感恩

球童服务时，会遇到各种各样的球员，有的球员很刁钻，但即使是百般刁难你的球员也有其值得感恩的地方，感谢他给你磨炼自己的机会，提供给你改变和进步的方向，这是提升球童服务质量、服务态度、服务技巧、服务抗压性最好的机会。当球童心怀感恩地面对每一位球员时，球员也会心怀感谢地面对球童，在沟通融洽的环境中，球员也会有更好的发挥。

（五）为球员着想的服务态度

球童要学会为球员着想，站在球员的角度上考虑问题，并及时做到满足球员需求，让球员感受到球童热情、周到的服务态度。

1. 主动性服务

球童在为球员提供服务时，应时刻关注球员的需求并主动提供服务，尽量不要等到球员说出来才提供服务。当打球过程中遇到天气炎热或下雨时，球童应主动为球员打伞；烈日当空时，球童应主动为球员拿出防晒用品；球车尽量停在离落球点比较近的地方；击球结束后，球童应积极主动为球员擦拭好球杆并及时收纳等。让球员在打球过程中时刻感受到球童是在主动热情为他服务。

2. 超前性服务

超强性服务是指超越当前正常条件的服务行为或服务意识。球童在为球员提供服务时应具备超前意识，打球过程中球童应时刻通过球员的态度判断球员的未来行为，提前做好准备工作。球员准备击球前帮助看好站位、选择好球杆、判断好击球方向等，提前将询问或选择好的球杆拿在手里及时递给球员；球员的球落在球道上，要走在球员前面找到球，并示意球员球的位置。同时，为下一次击球做好准备工作；球员的球出界或进入障碍区时，要提前想好解决方案，并提出合理化建议给球员作为参考。球童在服务过程中，应做到想在前、看在前、说在前、做在前、走在前。

3. 投其所好、投其所需

情感体验往往引导人们的行动，如果想要别人相信你，那么首先要让别人喜欢你。迎合别人的喜好，能够最迅速地达到让别人喜欢你的目的。这就是"投其所好，投其所需"，球童想要得到球员的喜爱，首先要学会投其所好、投其所需。

球员来到球场打球的目的本身就是为自身寻求满足，他们想在打球的过程中收获尊重、关注、友情、满足、愉悦以及技能的提升和大自然的美丽等。因此，球童要学会察言观色，根据球员的性别、年龄、种族、言谈举止、着装颜色等判断他的兴趣、爱好，寻找他感兴趣的话题进行沟通，迅速建立好感。球员如果口若悬河、滔滔不绝的讲话，球童要多与球员交谈。球员如果内向、寡言，球童也要尽可能保持少说话。当球童能够观察到球员的喜好，并适时的满足他们的需求，就会得到球员的喜爱，成为球员满意和信任的人。

（六）幽默的服务态度

幽默的语言不只能够让人们在对话中感受到轻松愉悦，还有助于消除敌意，缓解摩擦，防止矛盾产生，同时也是一个人心态积极、乐观、向上的反映。打一场球至少需要4~6小时，球员在亲近大自然的同时，也不能缺少欢声笑语，幽默的语言可以为球童与球员之间建立融洽的相处氛围，使打球过程变得更加轻松、愉快。球童应该利用业余时间多看书，搜集一些小故事、小趣事、小笑话，多留意生活中一些幽默的元素，记录下来，不断积累，形成自己的幽默风格，培养风趣幽默的语言表达能力。在服务过程中偶尔诙谐一下，使幽默无处不在，使打球过程处处充满欢乐，让球员带着愉悦的心情体验打球之旅。

三、对球童服务态度的要求与培养

球童服务是球会服务的核心，积极主动的服务态度能够有效降低球童在服务过程中投诉事件的发生，吸引、争取和挽留更多的球员使他们成为球会的"回头客"，为球会带来更多的利益。

（一）球会对球童服务意识的培养

在市场过剩的经济环境里，唯有提供优质服务、个性化服务，提高服务的附加值，以满足球员的需求，才能为球会带来更多的回头客。球会在竞争中想要脱颖而出，吸引更多的球员来打球，就必须重视和改进服务质量，培养球童良好、积极、主动的服务意识。

1. 严格的管理

球会应制订严格的规章制度，管理和约束球童的行为及服务态度，当球童服务时出现态度恶劣、行为不当、受到有关投诉时，应利用制度对球童进行批评教育和相应的惩罚，及时弥补球童消极的服务态度带来的消极影响。

2. 专门的培训

球会的培训部门除了对球童进行专业技能方面的培训外，还应该对球童进行服务知识方面的培训,培养球童的服务意识,引导球童积极、主动、热情地为球员服务。

3. 适当的奖励

球童在工作时除了希望得到球会和球员的认可,同时,也希望得到更多的利润回报。球会也应为球员设立奖励机制,当球童在工作中表现突出时给予奖励,激励球童更主动、热情地投入工作。

4. 晋升的空间

球会除了给球童提供等级晋升的空间外,还应为球童提供一些管理岗位晋升的通道。球会应积极为表现突出的球童提供晋升管理岗位的机会,如球童领班、球童主管、运作经理等职位。这样,既能提升球童工作的积极性,对企业的忠诚度,还能避免人才的流失。

(二)球童对自我服务意识的培养

在球会对球童服务意识培养的同时,球童更要培养主动为球员服务的意识和态度,真正做到把球员当作"上帝"、当作"衣食父母"。因此,球童日常工作应努力提高高尔夫打球技能及相关业务知识,提升自己的服务意识。

1. 球童要做好基本服务

球童应熟记为球员提供服务的基本流程和基本工作,培养强烈的服务意识。球童工作在任何球会都是大同小异的,球童在为球员提供服务时,想要让球员认同自己的服务态度和服务质量,在做每项服务的时候都要关注细节,比如,擦拭球杆,就要将球杆擦拭干净,杆面好的凹槽处一定要仔细清洁,而不是草草了事,端正了工作态度,才能真正地把基本服务做好服务工作。

2. 球童要有企业文化意识

球童在为球员提供服务的同时,也是在为自己所处的企业提供服务。因此,每一位球童都有义务理解企业文化、企业定位、宣传企业文化,站在球会和球员的角度完成相应本职工作,树立企业品牌。

3. 球童要有"球员就是上帝"意识

球员是球会和球童赖以生存的"衣食父母",球童在为球员提供服务时,要时刻保持面含笑意,要对球员千依百顺,球员永远是对的,不能与球员产生矛盾冲突,当球员提出要求时,应尽最大的权限满足球员的需求,当球员遇到困难时,要积极、努力解决球员的困难,在力所不能及时,要及时向其他部门同事和上级领导寻求帮助。

4. 球童要有责任意识

接到球员提出意见时，立刻将责任推卸给领导、其他同事或部门的案例非常多。球员提出意见时是希望有人能够帮助他们解决问题，并不是要弄清楚哪一个人或哪一个部门应该对这个问题负责任，推卸责任只会带来球员更多的不满情绪，从而对球会和球童失去信心，进一步损坏球会及球童的个人形象。

5. 球童要有直面挫折意识

球童在工作中经常会遇到很多困难和挫折，最常见的就是来自球员的投诉，接到投诉会影响球童的工作情绪。但球童要知道没有一个球员是为了投诉而来球会打球的，投诉一定是因为体验不愉快才产生的，应该把每一次投诉看成一次挽留球员、赢得球员信任和提升自己能力的机会。球童必须学会用积极的态度来对待这些问题，寻找解决问题的方法。当烦恼出现时要以乐观的心态面对它，解决它，更要给自己找到一个合适的方式来缓解它。找好朋友倾诉、从事一些喜欢的运动等，总之就是不能闷在心里，要找到一个合理排解的渠道，来调整自己。正确面对挫折，学会在失败和挫折中寻找原因，努力克服这些问题，完善自己、提升自己，成长就是这样一步步地提升自己。

【思考与讨论】

1. 什么是态度？态度有哪些特征？
2. 球童服务中为什么需要良好的服务态度？
3. 球童积极的服务态度有哪些？
4. 球童如何培养自我服务意识？

【拓展阅读】

最有名的门童

那是一个出身于纽约黑人区布鲁克林、没有学历的孩子，他一直在做保安、库管员，他一直做得非常好，佳士得把艺术品宝库的钥匙都交给了他，但日复一日在地下工作，令他十分渴望能做一份与人打交道的工作。当他得知公司有一份门童的工作时，他就向老板提出申请。在众多应聘者中，他脱颖而出，终于成为这个世界最著名的拍卖公司的一个门童。怎样才能做好这份工作呢？他想，每一位进入公司大门的人都是极其重要的吧，怎样才能让他们感到备受尊重、让他们更喜欢自己并愿意常来呢？于是，他将所有报纸上的名人的照片、名字和介绍剪下来，贴在家中的墙上，每天上下班在地铁上复习，晚上回家让妻子考他，如果还有不认识的人就问同事。这样，他总是能够笑着拉开大门说："啊！您好，肯尼迪夫人，您好！安迪·沃霍尔先生，我们一直在等您哦！……"

直到有一天，公司要在伦敦做一次重大活动，需要一位能够认识所有艺术家、重要客户和名人的接待者，除了这位门童，全公司竟再也找不出这样一个人来。于是，公司总裁告诉他，将派他去伦敦。可他从未和妻子分开过，加上孩子出生才两周，所以他拒绝了。第二天，公司通知他，将邀请他太太与他一同前往。从未离开过纽约、从未坐过飞机的他们，在伦敦机场被一辆加长林肯接到酒店。站在盛大的宴会厅穿上礼服的那一刻，他感到从未有过的荣耀。

这就是一个在佳士得工作了35年的门童Gil的故事。他说："你必须热爱自己的工作，如果你对它永远充满热情，它将带你走到难以置信的远方。"

第三单元
球员类型分析与球童服务

单元导读

来高尔夫球场打球的球员，无论成绩好与坏、水平高与低、动作标准与否都有一个明确或不明确的打球目的、都要选择一套自己喜欢的服装。在他们当中也同样存在气质差异、个性特征差异和色彩选择的差异，进而表现在情绪上也存在差异，打球风格也不尽相同。所以，球童在为球员服务时要充分运用心理学的知识，了解掌握球员的打球目的、技术水平、球员的气质类型和个性特点、色彩选择等，从而有针对性地提供个性化服务，提升自己的球童服务质量。

知识目标

1. 了解和掌握打球目的不同的球员类型及特点；
2. 掌握不同气质的球员类型、打球风格；
3. 掌握个性特征不同的球员类型及特点；
4. 了解色彩心理学的相关知识。

能力目标

1. 能够为打球目的不同的球员提供针对性服务；
2. 能够为气质类型不同的球员提供针对性服务；
3. 能够为差点水平不同的球员提供针对性服务；
4. 能够为色彩选择不同的球员提供针对性服务。

素质目标

1. 培养球童良好的服务意识、大局意识；
2. 培养球童的乐业精神，从而提高服务质量和树立球会形象。

模块一　球员打球目的的差异与球童服务

一、打球目的的概念

打球目的是指到高尔夫球场打球的球员，无论是为了休闲锻炼、商务交往还是竞技比赛，都有一个打球目的。对于打球目的不同的球员，球童采取的服务方式和侧重点也应该有所区别。根据球员打球目的不同一般分为：竞技型球员、运动健身型球员、娱乐休闲型球员、赌博型球员、观光旅游型球员、商务交际型球员、情侣型球员等。球童要认真观察判断分析打球目的不同的球员类型，从而提供有针对性的服务。

二、主动观察球员打球目的的差异性

（一）竞技型球员

有一部分球员或者是球会会员，不仅有较高的球技，更是高尔夫运动方面的专家，见多识广。该类球员处处以专业的角度来看待高尔夫球运动。他们下场打球是有明确目标的，就是为了取得好的成绩，为积累比赛经验或球场经验，提升自己的水平，他们会认真对待每一杆、每一洞。

对于这类球员的球童服务要点：球童应有一定的高尔夫专业知识和技能，对比赛规则和当地规则要了如指掌，对比赛场地要特别了解，击球策略的制定要细致到位，盯球能力要强，不允许有遗失球现象发生，果岭上看线摆球要准，成绩计算要准确无误，反应速度要快。

（二）运动健身型球员

这类球员是目前各高尔夫球场打球数量最多的高球人口，他们大部分是事业上成功或比较成功的人士。商场上的竞争、事物上的忙碌、生意上的应酬，使他们有了锻炼的迫切需要。高尔夫贵族运动特点和平缓的运动节奏非常适合这类人，因此他们会不惜花钱投入到这项运动中来。这类客人打球的态度比较豁达，很少因为一两杆打不好而发脾气的。

对于这类球员的服务要点：球童应有一定的高尔夫专业知识和技能，对比

赛规则和当地规则要特别了解，对比赛场地要了如指掌。要有幽默感和心理学方面的知识，能够运用心理学的原理和知识及时疏导客人的情绪，使之有愉快轻松的体验。对这类球员，球童最好是成为客人的朋友，要能针对这类球员，根据其心理和身体的特殊性进行服务。

（三）娱乐休闲型球员

娱乐休闲型球员把打高尔夫球当成锻炼身体和休闲娱乐的一种方式，经常光顾球场是为了锻炼身体和休闲娱乐，这类球员抱着"多打一杆强身健体，少打一杆开心快乐"的目的，对打球成绩看得并不是那么重要。只要有球打就高兴，不在乎结果，只在乎过程。除非赌球，他们对自己成绩设定也不会太苛刻。

对于这类球员的服务要点：球童要有幽默感和亲和力，有广博的知识尤其高尔夫文化方面的知识，能和球员打成一片，让球员在轻松愉快中打球，不一定完全按高尔夫规则要求去计算成绩，只要球员开心尽兴就行。

（四）赌博型球员

这种类型球员经常光顾球场，非赌不打，他们不赌点筹码是不会下场打球的，他们除了争强好胜以外，还有就是在修养方面存在不足，特别是在赌博要输的情况下，其心情是十分不好的。

对于这类球员的服务要点：球童应有一定的高尔夫专业知识和技能，对比赛规则和当地规则要了如指掌，对比赛场地要特别了解，尤其对果岭研判要准确无误，看线摆球要准，对击球距离的判断误差要小，击球策略的制订要正确，盯球、找球能力要强，不允许有遗失球现象发生，成绩计算要准确无误。球童要反应要灵敏、小心服务，避免刺激球员、避免球员丢面子，学会及时宽慰球员。

（五）观光旅游型球员

这种类型的球员有两种，一种是在世界各地球会上都愿意试一下身手，来球会只是一种观光旅游，因此显得特别的轻松。还有一种是会议型球员，有些会议要有一种十分优雅的环境，会选择在高尔夫球会进行。球会除考虑在会议环境方面提供比较好的设施外，在下场打球时也需要提供一定的便利，因为并不是所有的球员都能熟练地打球，他们需要球童的技术指导和帮助。

对于这类球员球童服务要点：球童在服务过程时，要适时介绍球会特色、球道特点、球场美景，适时帮助球员拍照，使他们玩得开心、玩得高兴。

（六）商务交际型球员

这种类型球员因为某种商业或公务需要陪同客人来球会打球，这种球员本身是为他的客人提供良好服务，他的目标是让他的客人开心。

对于这类球员球童服务要点：球童要善于观察侧面了解，最好能在一开始就能判断出这类球员的需求，而把服务重点多放在他所陪同的客人身上，这样针对性的服务可能会取得更好的服务效果。

（七）情侣型球员

这些年随着经济水平的提升和人们对休闲健康的重视，越来越多的情侣开始一起光顾高尔夫球场了。

对于情侣型球员的服务要点：球童要与球员保持一定的服务距离，既不影响情侣之间的感情交流，也能及时掌握球员打球需求，尽量让球员有一个属于自己的空间。球童更要注重对女性球员细腻、周到服务，使情侣球员度过温馨愉快的打球时光。

由此可见，到高尔夫球场打球的球员，有着不同的打球目的。对于打球目的不同的球员，球童采取的服务方式和侧重点也应该有所区别，提供个性化的服务。

【思考与讨论】

1. 打球目的不同的球员类型有哪些？
2. 球童对不同打球目的球员服务的要点分别是什么？
3. 球童为什么要研究打球球员打球目的？

【拓展阅读】

球童的服务意识

球童是直接为球员服务的，因此球童首先要懂得被你服务的球员在你的意识或者潜意识中是什么位置的人。

1. 球员是"衣食父母"

是他们支付了我们赖以生存的经费、经营开销、员工工资和利润。球员是球会真正的"老板"，是球会最重要的人。

2. 球员是服务对象

正因为有了球员的光顾，球会才有生存的基础，球童的工作才有意义。因此，球员光临球会不是对球童的打扰，而是生意的源泉。

3. 球员是来寻求服务的人

他们的合理愿望我们必须努力予以满足。因为球员选择球会打球的会馆很多，哪家球会的球童服务质量好，球员就会选择哪家。

4. 球员是要求很多的人

球童的责任就是在互利的原则基础上给每一位球员提供迅速、专业、贴心有效的服务，满足他们的需求。只要服务周到，使球员高兴而来满意而去，相信球员会继续光临。

5. 球员是付款购买服务的人

球员愿为所得的服务付出公平的费用，良好的服务会使其感到物有所值，慷慨解囊，多次惠顾。不专业的球童服务会使感觉如球员受欺诈，并减少光顾球会的次数。

6. 球员是有血有肉有感情的人

各有自己的喜好和厌恶，也难免有偏见和偏爱，在这个世界上没有任何两个人是完全一样的，我们应真诚地去体谅球员、理解球员，决不能把球员看成登记册上的一个符号或营业报表上一个冰冷的数字，更不能有一丝不耐烦和冷漠。

7. 大多数球员是通情达理的人

当球员对服务提出不满时，我们应站在球员的角度多检讨自己的工作，找出不足，不断改善，使球童服务再上一层楼。绝大多数的球员是会给球童改正、提升机会的，蓄意胡搅蛮缠的球员毕竟是极少数。

模块二　球员差点指数差异与球童服务

一、USGA 差点指数的概念

USGA 差点指数是由高尔夫俱乐部发给球员的能力衡量标准。就是高尔夫球手打球的水平与标准杆之间的差距，可以认为是球员的技术水平。是球员在标准难度球场打球时潜在打球能力的指数，它是一个保留到小数点后一位的数字，可用来换算出球员打球时的准确球场差点、确定球员打球的让杆数，并可随球员打球水平的改变而不断变化。USGA 建立差点系统，是为了让不同水平的高尔夫球员能够在一个公平的基础上进行同场竞技而增加高尔夫的趣味性和竞技性。例如您的水平一般在 85 杆，标准杆是 72 杆，所以差点就是 13。在球场的管理上，允许有一定差点门槛的人下场打球，既可以保障球场的畅通不堵（太高差点的球员球路不稳定，到处乱飞），也可以避免人多的时候造成球场安全隐患。国外的球场一般要有差点证，才能下场打球的。差点不同，代表着球员打球水平也不一样，球童提供服务的侧重点也有所区别。

二、球员差点指数的差异与球童服务

差点不同，代表着球员打球水平也有一定的差别，一般分为高差点球员和低差点球员，球童要根据球员的差点指数不同（技术水平不同）提供不同侧重点的服务。

（一）高差点球员的特点及服务

高差点球员是指差点指数为两位数的球员，球技水平比较低或一般，包括、初学者和双差点球员等。

1. 初学者特点及球童服务

这类球员只有在我们国家球场才会出现。他们刚刚学会打球，有的只在练习场练过一段时间，也有个别的球员根本就没有到过练习场，而是直接下场打球者。在国外，尤其在美国，不具备一定差点水平的人是禁止在球场打球的。这类球员有如下特点：一是不太懂高尔夫知识，知道自己的高尔夫运动水平很差，所以对自我和球童没有太高要求。二是打出的球不是漫天飞，就是随地跑，既谈不上击球距离，也谈不上击球准确性，更不懂得击球策略，他们在球场上丢球很多，几乎每洞都丢球。对于这类球员球童服务要点：多给球员提供技术指导（选杆、站姿、瞄球、击球策略）和心理支持（引导球员放松打球），要有幽默感和亲和力，多鼓励、多赞扬，成绩计算适当放松，帮助他们树立继续打球的信心

2. 双差点球员特点及球童服务

双差点球员，是指差点指数为双位数的球员，杆数一般稳定在 90 杆左右，中等打球水平。在国内球场上这种水平的球员最多，也最活跃。这种类型球员一是球技一般，但又很想提高成绩，对自己球技水平还缺乏自信，成绩不是特稳定。二是社会地位、经济水平相对较高。企业老板、社会名流或事业相对

比较成功者最多。三是发烧程度较高。他们中有些人几乎天天泡在球场。四是喜欢赌球。他们大多人对球童的依赖性比较强，尤其希望得到球童的技术指导和心理支持。对于这类球员球童服务要点：多给球员提供技术指导（选杆、站姿、瞄球、击球策略）和心理支持（引导球员放松打球），要有幽默感，多给球员介绍一些高尔夫专业方面的知识。

（二）低差点球员特点及球童服务

低差点球员，是指差点指数为个位数的球员，包括，单差点业余球员、零单差点业余球员、负差点业余球员和无差点职业球员。杆数一般稳定在80杆以内者，代表着该球员已有多年高尔夫运动经历，球技水平比较高，属于比较专业或专业类型，该类型球员一是对自己球技水平充满自信，自我主见性强，相信自己的打球能力。二是打球认真，自我要求高，成绩相对稳定，有较高的高尔夫专业知识。三是对球场信息、球道信息了解的程度要求要准确。四是对球童专业服务水平要求较高，但不依赖球童。

对于这类球员的服务要点：要注重细节性服务，程序性服务、专业性服务、迅速性服务、准确性服务、画龙点睛式服务、避免喋喋不休。

不同技术水平的球员对球童提供服务的要求和侧重点不尽相同，球童就不能千篇一律提供一种服务方式，而应该根据不同差点水平的球员需求，提供不同方式的针对性服务。

【思考与讨论】

1. USGA 差点指数的概念是什么？
2. 球童对不同打球差点指数的球员服务的要点分别是什么？
3. 球童为什么要研究打球球员差点指数？

【拓展阅读】

对客人尊重的两种观点

1. 客人是"上帝"

使用了"上帝"这个字眼，是对客人的尊重。这使得一些未从事过服务行业的员工有了这样的误解：客人当了上帝，我们服务人员岂不是侍从，客人不就可以为所欲为吗？其实，将客人比作"上帝"，目的是为突出客人地位之重要和特殊。作为上帝，其地位是至高无上的，其服务要求就是命令，满足其服务是我们的第一任务。这有助于我们强化服务意识。同时作为"上帝"的客人，他的行为同样受到国家法律的制约，受社会道德行为准则的约束，所以"上帝"也不能为所欲为，必须在国家法律和道德准则允许的范围内活动。员工只是这种场所中向客人提供服务的人，这只是社会分工不同，并不是地位高低、身份贵贱的区别。同样，当球童到其他地方作为消费者，同样也是客人、也是"上帝"。

2."客人永远是对的"

"金无足赤，人无完人"，人不可能无错，客人也是人，失误也在所难免，但我们之所以提出"客人总是对的"，就是在处理与客人矛盾时，要从客人的角度和为争取客源的角度去考虑问题，我们不应当指责客人，不给客人难看并巧妙地维护其自尊，给客人以下台阶的机会。从而使客人不失面子，而倍感受尊重，同时也维护了球会形象，巩固了客人与球会的良好关系。

当然"客人总是对的"并非绝对，如果客人的行为是违法的或是严重"越轨"的，则另当别论了。

模块三 球员气质类型的差异与球童服务

一、气质的概念

气质指个人的性情或脾气，指个人心情随情境变化而随之改变的倾向，亦即个体的反应倾向。气质是指人典型的、稳定的心理特点，是人格的先天基础，包括心理活动的速度（如语言、感知及思维的速度等）、强度（如情绪体验的强弱、意志的强弱等）、稳定性（如注意力集中时间的长短等）和指向性（如内向性、外向性）。这些特征的不同组合，便构成了个人的气质类型，它使人的全部心理活动都染上了个性化的色彩，属于人的性格特征之一。人的气质差异是先天形成的，受神经系统活动过程的特性所制约。

二、球员气质类型的差异与球童服务

气质类型通常分为胆汁质、多血质、黏液质、抑郁质四种。不同气质类型的球员，其各自的行为方式也不尽相同，突出表现在他们打球风格的差异上：多血质、胆汁质的统称为外向型球员，他们打球时谈笑风生、急躁且喜欢冒险；

黏液质、抑郁质的统称为内向型球员，他们持重寡言，缓和且趋于稳健。毛糙的球员击球迅速，缜密的球员节奏缓慢。球员的气质差异，导致了他们的行为风格和打球风格都存在差异。球童只有充分地了解球员的气质类型和各类型球员的行为方式，才能有针对性地提供个性化服务。

（一）胆汁质型球员特点及球童服务

胆汁质型球员反应速度快，具有较高的反应性与主动性。情感和行为动作产生的迅速且强烈，有极明显的外部表现。性情开朗、热情，坦率，但脾气暴躁，好争论。情感易于冲动但不持久，精力旺盛。经常以极大的热情投入打球之中，但有时缺乏耐心，很少耐心地听从球童信息介绍和打球建议。思维具有一定的灵活性，但对问题的理解具有粗枝大叶、不求甚解的倾向。意志坚强、果断勇敢，注意力稳定而集中但难于转移。行动利落而又敏捷，说话速度快且声音洪亮，不许球童反驳，以自我为中心。

胆汁质型球员，在球场上将遭遇到更多的情绪挫折。例如，胆汁质球员在面对打球挫折时，非常容易产生恼怒情绪，并伴随有明显的情绪行为，如摔杆、口出脏话、辱骂球童、与观众冲突等。这种人一般打球速度比较快，并对其他速度较慢的球员很不耐烦。我们常把这种气质类型的球员称为"暴躁型"球员，在PGA赛场上典型的例子不乏其人。曾多次夺得美国PGA巡回赛冠军的马克·卡卡维奇亚，在高尔夫界以脾气暴躁著称，但他还比不上被称为PGA巡回赛上脾气最火爆的球员帕特比瑞，他曾为自己出现一个博基气得破口大骂，用词不堪入耳，并因情绪失控而落败，也曾因为自己的坏脾气3次失去夺取冠军的机会。一般来说，胆汁质型球员的情绪爆发周期比较短，易发脾气也易消气，且为人热情、直率。对于这种类型球员球童服务要点：球童服务要非常专业，信息提供非常准确、服务态度诚实，不与球员正面交锋、不与球员争论对错，尽量控制球员打球速度，多增加幽默感。

（二）多血质型球员特点及球童服务

多血质型球员行动具有很高的反应性。情感和行为动作发生得很快、变化得也快，但较为温和。易于产生情感，但体验不深，善于结交朋友，容易适应新的环境。具有一定的语言表达力和感染力，姿态活泼，表情生动，有明显的外倾性特点。机智灵敏，思维灵活，但常表现出对问题不求甚解，注意与兴趣易于转移，不稳定的特点。缺乏意志忍耐性，毅力不够坚强。但多血质气质和胆汁质气质最大的不同在于，多血质气质的球员情绪反应的稳定性水平较高，行为表现也远比胆汁质气质的球员灵活。同样面对打球挫折，他们也会恼怒，但在强度上不会像胆汁质型球员那样怒不可遏，尽管情绪发生的速度较快，但他们调整的速度也迅速。这类球员会用自嘲、玩笑等灵活的方式将自己的情绪迅速调整过来，很少发生摔杆、骂人等失态行为。多血质气质球员一般打球节奏都比较快，容易与人和睦相处，球友关系相对融洽。然而，浮躁、欠稳重、不认真、缺乏耐力和毅力是此类球员常存在的问题，我们常把他们称为"灵活型"球员。泰格·伍兹的多血质气质特点是很明显的。一般情况下，伍兹比较能达到所谓"冷静的疯狂"这种理想的比赛状况，但有些时候，他也会失去冷静，以至于摔球杆，说脏话。他的父亲说"泰格的内心是一座火山，我见过它爆发，非常凶猛。"但是，他总是能够在关键时刻迅速控制和调节情绪，不会让消极情绪主宰自己。

对于这种类型球员球童服务要点：球童服务要非常专业，信息提供非常准确，多与球员沟通，有幽默感和亲和力，通过转移话题迅速化解球员情绪，引导球员稳重击球。切忌急躁情绪产生，适当控制打球速度。

（三）黏液质型球员特点及球童服务

黏液质型球员反应性低。情感和行为动作进行得迟缓、稳定、缺乏灵活性。这类球员情绪不易发生，也不易外露，很少产生激情，遇到不愉快的事也不动声色。注意稳定、持久，但难以转移。思维灵活性较差，但比较细致，喜欢沉思。具有较强的意志忍耐性，对自己的行为有较大的自制力。态度持重，好沉默寡言，办事谨慎细致，从不鲁莽，行为和情绪都表现出内倾性，可塑性差。当发生打球挫折时，他们情绪发生的速度和强度上远低于胆汁质型球员和多血质型球员，他们会以沉默和内心感受的方式来承受不愉快情绪，并很快进行自我调整，甚至看不出他们出现过情绪波动，因此常被称为"稳重型"球员。这种类型球员干任何事情都不会像外向型球员那样风风火火、毛毛糙糙，反而是打球有条不紊、走路稳稳当当，击球准备时间比一般球员长。这种慢节奏在果岭上表现得尤为突出，他们可以把推击路线看好多遍，然后再多次试挥杆后才推球。

在所有气质类型的球员中，也许具有黏液质气质的球员是最适合打高尔夫球的球员，他们的神经活动类型特点，更容易将情绪调节到一种相对稳定的平衡状态，从而做到处变不惊，遇压不垮。世界上最伟大的高尔夫球员杰克·尼克斯就具有运动心理学家称之为低觉醒的特点，即当比赛压力增大时，他的激情会提升到理想水平，而不会过度兴奋。然而具有黏液质气质的球员也千万不要盲目乐观，也许这种"慢热"特点正是它的最大不足，它常常使球员在比赛之初神经兴奋度达不到应有的高度，不能迅速进入最佳竞技状态。对于这种类型球员球童服务要点：多做少说，迅速帮助球员把竞技情绪调整到最佳状态，适当提高打球速度，提供准确性服务。

（四）抑郁质型球员特点及球童服务

抑郁质型球员具有较高的感受性，是一种典型不苟言笑的内向型球员。这种类型球员情感和行为动作节奏都相当缓慢，柔弱。情感容易产生，而且体验相当深刻，隐晦而不外露，易多愁善感。往往富于想象，聪明且观察力敏锐，善于观察他人观察不到的细微事物，敏感性高，思维深刻。在意志方面常表现出胆小怕事、优柔寡断，受到挫折后常心神不安，但对力所能及的工作表现出坚忍的精神。不善交往，较为孤僻，具有明显的内倾性。

这种气质类型的球员内心情绪体验不仅比黏液质气质的球员更为敏感，情绪和行为的灵活调节水平也相对较差。在面对打球挫折这一事实上，尽管他们不会明显地外露出失望情绪，但内隐的自责情绪却很明显，并因为过多的自责心态而自暴自弃。抑郁质型球员具有典型的慢节奏特点，他们打球速度很慢，每一杆都要反复看、反复试，却常常因自信不足而优柔寡断，常被称为"柔弱型"球员。对于这种类型球员球童服务要点：提供专业化服务，多帮助球员树立打好球的自信心，要让球员相信自己的能力和水平，同时引导球员提高打球速度。

由此可见，四种不同气质类型的球员为人处世风格差异很大，打球风格也迥然不同。尽管人的气质不具有明显的好坏、优劣之分，但不可否认的是，不同气质类型球员所具有的打球风格，对他们在球场上的表现具有明显影响。因此，球童了解掌握球员的气质类型，有针对性地提供个性化服务非常必要，既能提高球童的服务质量，也能树立球会的品质形象。

【思考与讨论】

1. 气质的概念是什么？
2. 球员气质类型有哪几种？
3. 球童对气质类型不同的球员服务的要点分别是什么？

【拓展阅读】

四种气质类型及性格表现

气质类型	反应速度	性格表现	工作表现	优缺点
胆汁质	反应速度快，灵活，精力旺盛	热情、刚强、勇敢、直率、果断，但脾气暴躁，缺乏自制力，好挑衅，粗心大意，性急好动，易感情用事	对工作有热情，但当遇到困难或挫折时，易缺乏耐心，失去信心	可塑性差，但兴趣较稳定
多血质	反应速度快，外倾性明显，且灵活	可塑性强，容易适应新环境，善于交际。情感易发生，但不稳定。他们大多机智、聪敏、活泼，但不踏实，草率，轻浮	在工作中表现出精力充沛，但在缺乏变化或平凡的工作中，会变得厌倦，热情易消退	兴趣广泛，但不稳定，注意力容易转移
黏液质	反应速度慢，不灵活，内倾性明显	情感不易发生，稳重，不善交际，遇事冷静	工作踏实肯干，因循守旧，缺乏创新精神	遵守纪律和秩序，有耐心，有毅力，能克制自己的冲动，但缺乏活力，办事拖拉，性格固执
抑郁质	反应速度缓慢，动作迟钝	多愁善感，沉默寡言，孤僻，羞怯，多疑，在困难面前常优柔寡断，在危险面前常出现恐惧和畏缩	对力所能及的工作，表现出较大的坚忍精神，对无能为力的工作则表现出反应迟钝，优柔寡断	对事物具有较高的敏感性，思想敏锐，观察细致，谨慎小心，想象力丰富，守纪律

模块四　球员个性特征的差异与球童服务

一、个性的概念

个性是指一个人比较稳定的心理倾向和心理特征的总和。个性主要包括个性倾向和个性心理特征。前者指人进行活动的基本动力，比如需要、动机、兴趣、理想、价值观和世界观等，后者指一个人身上经常稳定地表现的特征，包括能力、气质和性格等。一个人在行为中偶然表现出来的心理倾向和心理特征并不能表示他的个性，只有比较稳定的、在行为中经常表现出来的心理倾向和心理特征，才能表明他的个性。例如，一个平时处事谨慎、稳重的人，在一个特定的情况下表现出冒险、轻率的举动，不能由此就可以说他具有轻率的个性特征。

（一）个性心理特征

个性心理特征是指个体在社会活动中表现出来的比较稳定的成分，包括能力、气质和性格。

个性的特征具有先天性和后天性、共同性和差异性、稳定性和可变性、独立性和统一性、客观性和能动性。

个性心理特征的形成具有相对稳定性，例如形成一个人脾气暴躁、性格外向，其含义是通过一段时间的了解、看到这个人的一些行为表现，才产生这样的评价，所以，心理特征在一段时间内具有相对稳定的特性。

个性心理特征在个性结构中并非孤立存在，它受个性倾向性的制约。例如，能力和性格是在动机、理想等推动作用下形成、稳定或者再变化，也需要依赖于动机和理想等动力机制才表现出来。二者相互制约、相互作用，使个体表现出时间上和情景中的一贯性，这种情况下的个体行为就是较真实的个性心理特征。

（二）性格

性格是指个人对现实的稳定的态度和习惯化了的行为方式。例如，一个人在任何场合都表现出对人热情、与人为善，这种对人对事的稳定的态度、习惯化的行为方式就是性格。性格的特征表现有：

1. 性格是一种习惯化的态度和行为方式

一个人偶尔表现的特点不是性格的表现。

2. 性格可以在后天发生变化

性格主要是后天在与环境的交互作用中形成的，有"环境塑造性格"之说。

性格主要在青春期后期渐渐稳定，但也可能因为成人期所遭受的重大事件的影响或者通过主观努力而改变。

3. 性格与气质是两个完全不同的概念，但二者具有相互作用

首先，它们同时受到神经类型的影响，但对气质来说，神经类型是其直接的生理基础,而对性格来说,神经类型只是它的生物基础,性格的养成主要受到后天环境的影响。现代认知神经科学的研究发现,尽管神经类型在后天不会发生太多变化,但是,神经的突触却可以由于后天生活中的刺激而发生不同的连接,导致同一神经类型的个体可能具有不同的性格表现。其次,性格的表述可以从现实生活的表属性词汇中找到。最后,二者虽然一脉相承,但是,具有类似气质的个性可以由于日后环境的变化而具有完全不同的性格。所以,气质具有相对稳定性,而性格却可以发生很大的变化。

二、球员个性特征的差异与球童服务

来高尔夫球场打球的球员一般来讲有急躁型、自大型、健谈型、稳重型、寡言型、固执型、温柔型、啰唆型几种个性特征类型。由于球员个性特征不同,其各自的行为方式、打球风格也不尽相同,球童只有进一步分析和掌握每种类型球员的个性特征,并提供针对性的服务才能收到良好的服务效果。

(一)急躁型球员特点及球童服务

急躁型球员往往是胆汁质型气质类型球员,属于外向型性格。急躁型球员打球讲究效率,但非常马虎,缺乏认真,一般以青年人为主,若为他们提供服务时间拖延了或效果不佳,极易引起他们的投诉或冒火。对于急躁型球员球童服务要点:球童要镇定自若,提高自己的服务效率,控制球员打球速度,如若球员动怒、发脾气,不与其争辩,待其怒气平息后再做解释。

(二)自大型球员特点及球童服务

自大型球员往往也是胆汁质型气质类型球员,属于外向型性格。以男性居多,总认为自己是最了不起的人,事事皆以自己为准,对于自大型球员球童服务要点:球童应不卑不亢,但不能怄气,平时可按照其合理要求去做,对个别不能满足的应说明原因,以免影响球会的声誉。

(三)健谈型球员特点及球童服务

健谈型球员往往是多血质型或胆汁质型气质类型球员,属于外向型性格。以经商男性中居多,由于平时与人交往多,见多识广,话语较甜,因此喜欢与人攀谈,性格外向。对于健谈型球员球童服务要点:球童应尽力使服务做得周到、细致,要有多种话题与之沟通,并利用健谈的特点让他们去宣传球会,同时也展现球员自我。这对球会、球员和球童都有很多好处。

(四)稳重型球员特点及球童服务

稳重型球员往往是黏液质型气质类型球员,属于内向型性格。是球会最常接待的对象,他们懂得礼节礼貌,办事稳重、有人情味,不挑剔,轻易不会大发脾气,打球有条不紊,往往非常理解球童服务和球会接待。是最好接待和服务的球员。对于稳重型球童球员服务要点:球会可按一般的接待方法接待。球童易多做少说,老成持重又不乏幽默,帮助球员把竞技情绪调整到最佳状态,提供准确的服务。

(五)寡言型球员特点及球童服务

寡言型球员往往是抑郁质或黏液质型气质类型球员,属于内向型性格。寡言型球员以学者中男性居多,平时言事不多,性格孤僻,但有主见。对于寡言型球员球童服务要点:球童应提供简洁式服务,避免喋喋不休,选杆等服务时尽可能征询球员意见,以表示对他们的尊重。

(六)固执型球员特点及球童服务

固执型球员往往是抑郁质型气质类型球员,属于内向型性格。但也有的球员属于胆汁质型气质类型是固执型球员,他们脾气暴躁,好争论,听不进球童的意见和建议,情感易于冲动但不持久,精力旺盛。固执己见,即使是错的仍坚持不放,有些偏执,往往得不到大家的认可。想改变他,首先得有能力对他关注的某事提出更高水准的诠释,达到能够说服他的程度,否则是改变不了他的。对于固执型球员球童服务要点:要讲究说话艺术,千万不要干涉其行为或言语,也不要与他们发生争论,因为争论是没有结果的,反而影响了服务效果。要尊重这类球员的选择,一般来说是不要直接告诉其某些做法是错的,而是用引导或者示范的方法。要先肯定他,然后再适当发表自己的意见。总之,对固执型球员,应该像对待小孩一样的细心、周到,而且还要尊重其选择。

(七)温柔型球员特点及球童服务

温柔型球员往往是黏液质或抑郁质型气质类型球员,属于内向型性格。以女性居多,尤其日本、韩国女性经常光顾高尔夫球场,其个性温和、文雅、容易相处,但对电瓶车和球具卫生要求甚高。对于温柔型球员球童服务要点:球童本身要化淡妆、保持整洁、身上无异味,对球员的服务一定要简洁优雅,举止得体,对电瓶车和球具要经常擦拭,保持干净整洁。

（八）啰唆型球员特点及球童服务

啰唆型球员往往是以中年人居多，而且把要吩咐或要代办事项重复说好几遍，生怕球童忘记。对于球童提供的球道信息也反复确认。对于啰唆型球员球童服务要点：球童一定显示出尊重，同时表示出是愿意听他讲话，一定要耐心地服务，不要露出不耐烦的神情，服务语言一定要显得温柔体贴。

由于性格具有某种遗传色彩，也带有后天生活经历的明显印记。这说明了性格同时具有生物性和社会性的特点，人的性格是可以发生很大变化的。球童认识了这一点，为球员服务时，在适应球员个性的同时还要通过自己掌握的高尔夫专业技能和礼仪知识来影响、改变有些球员的性格。比如逐渐改变急躁型球员的急躁性格，改变他们的粗俗行为，控制他们的打球速度等。

【思考与讨论】

1. 个性的概念是什么？
2. 球员个性特征的差异有哪几种？
3. 球童对个性特征不同的球员服务的要点分别是什么？

【拓展阅读】

本性和性格的区别

性格有可能是后天所形成的，跟环境和经历有关。比如腼腆的性格，暴躁的性格，果断的性格和优柔寡断的性格等。

本性是人天生所具有的，不可改变的思维方式。本性是先天自然形成，比如自尊心、虚荣心、荣誉感等。人的本性包括有求生的本性，懒惰的本性和不满足的本性。

心理学家根据个人对社会的适应性为主要参考系，把人的性格分为5类：摩擦型、平常型、平稳型、领导型和逃避型。摩擦型性格的人，表现为性格外露，人际关系紧张，处理问题欠妥，容易造成摩擦。平常型性格的人的态度、情感、意志、理智均表现为一般，平平常常，没有特殊的表现。平稳型性格的人对环境有较好的适应性，但往往是被动地适应，善结人缘，人际关系好。领导型性格的人，对社会的适应性好，而且能主动适应社会环境。逃避型性格的人表现为性格内向，不善交际，与世无争。但是性格是感知与感悟的双向连接，同一个性格的人或者信任度很高或者很低，这个不分国界。

模块五 球员色彩选择的差异与球童服务

一、色彩心理的概念

性格色彩学是心理学的分科,由心理专家乐嘉创立,色彩心理是客观世界的主观反映,也是十分重要的一门科学。色彩心理认为,不管人有多复杂,就大千世界的人性来讲,在性格方面都有他们的共性存在,在自然欣赏、社会活动方面,色彩在客观上是对人们的一种刺激和象征,在主观上又是一种反应与行为。色彩心理透过视觉开始,从知觉、感情而到记忆、思想、意志、象征等,其反应与变化是极为复杂的。色彩的应用,即由对色彩的经验积累而变成对色彩的心理规范,当受到什么刺激后能产生什么反应,不同波长的光作用于人的视觉器官而产生色感时,必然导致人产生某种带有情感的心理活动。一个人所偏好的颜色常常代表其性格和感情的色彩,表现在对服装颜色和服饰的偏好上,更往往可以推测到一个人的心理特点。

大体上人们对衣服的颜色选择,可分为三大类,即冷色、暖色和中性颜色。

暖色系包括红色、黄色、橙色等。这种颜色给人热情、自信、友爱、爽朗的感觉,有助结交朋友,增强自信,从而能够扩大社交圈子。

冷色系包括黑色、深啡色、深蓝色等。相对而言,选冷色及深色的衣服,能营造严肃气氛,给予人冷淡、神秘等感觉。

中性色系包括啡色、米色、浅灰色等。穿着中性颜色的衣服,可缓和紧张气氛,达到平衡效果。在应付纷争,缓解敌意时,绝对不宜穿鲜色衣服,原因是这种颜色能牵动情绪,容易令人激动。

二、球员服装色彩选择的差异与球童服务

球员在离开忙碌的工作环境,前往高尔夫球场打球时如果不是统一活动,必须穿活动主办方统一配发的服装,穿的T恤衫和裤子会选择穿自己喜欢的颜色,根据色彩心理学原理,一个人喜欢的颜色往往代表着他的个性特征和内在的心理特点。球员选择的颜色恰恰代表着球员的气质类型和心境、性格等。球童应该根据球员的服装颜色,判断球员的气质类型、性格特征和球技水平,从

而提供个性化球童服务。

（一）红色服装球员特点及球童服务

选择红色服装的球员，往往代表热情、积极、兴奋、乐观、活泼、豪迈、坚强、豁达、焦躁和危险。他们大都是快乐的带动者，做任何事情的动机很大程度上是为了快乐，快乐是最大驱动力。魅力超凡，随性而又善于交际，感情丰富，性格外向，具有进取意识。说话做事快而不假思索。是精力旺盛的行动派，他们不管花多少力气或代价也要满足自己的好奇心和欲望。充满快乐精神的状态，也会感染周围的朋友。缺点是，由于缺乏耐性，常常稍微不顺自己的意愿，就会生气。一旦有事发生，也总是先怪罪别人，脾气来得快也消得快。对于经常选择红色服装的球员，服务要点是：要热情大方，积极与球员沟通，要有幽默感和亲和力，微笑且略显夸张服务，适当控制球员打球速度。避免服务时沉默不语。

（二）黄色服装球员特点及球童服务

选择黄色服装的球员，往往代表温暖、温和、新奇、灿烂、富贵、天真烂漫。他们大都心情欢畅，轻松愉快，性格外向，精力充沛，做事潇洒自如，说话无所畏惧，不担心别人考虑什么，不易动摇。富有高度的创作力及好奇心，关心社会问题甚于切身问题，热衷社会活动。相当自信，学识渊博。做有把握的事情。深层次的驱动力来自对目标的实现和完成。一般都具有前瞻性和领导能力，通常都有很强的责任感、决策力和自信心，是有力的指挥者。缺点是，看起来好像社交家一样，其实内心很孤独。对于选择黄色服装的球员，服务要点是多沟通、微笑贴心式服务，对球员新奇、烂漫的天性要给予充分鼓励和表扬。处处维护球员的权威和自尊。

（三）蓝色服装球员特点及球童服务

选择蓝色服装的球员，往往代表权威、宁静、智慧、和平、温良、深沉、柔和、冷淡、镇定自若、有收缩和退后感。他们大都善于控制感情，很有责任心。富有见识，判断力强。胸怀宽广，性格内向。是个很有理性的人，面对问题常常临危不乱，在发生冲突时总是默默将事情化解，等到该予以反击时，一定会以很漂亮的手段让对方折服，具有可贵的品质，对待朋友忠诚而真挚，常因坚持崇高的信念而受人尊敬。是最佳的执行者。缺点是：不擅长与人交际，只和志同道合的朋友自成一个小团体。坚持己见，对旁人的意见缺乏采纳的雅量。所以，与人意见相左时，虽然表面上没显露出任何的不悦，但心里其实很是介意。对于选择蓝色服装的球员，服务要点是：注意细节性、细腻式、专业化服务。树立球员权威，给足球员面子，不与球员争论对错，服从球员意志，避免啰唆式服务。

（四）绿色服装球员特点及球童服务

选择绿色服装的球员，往往代表青春、活力、自然、随意、悠闲、娴雅、新鲜、和平、安全。他们大都宽容透明，性情平静，善于克制，心绪不易烦乱，很少有焦虑不安或忧愁之感，充满希望和乐观，渴望事事更加美好，典型的内向性格类型，和平的促进者。他们的核心本质是对和谐与稳定的追求，通常都非常友善，适应性强，是很好的倾听者。喜欢群体生活，擅长与周围的人保持良好的人际关系，总是给人亲切温和的印象，比较容易服务和相处。缺点是：缺乏锋芒与棱角，害怕独处，因为对每个人的态度都差不多，有时候容易让人误会，认为是个八面玲珑的人。对于经常选择绿色服装的球员，服务要点是：自然而放松地服务，要构建轻松和谐的打球氛围，加强沟通，增强幽默感，避免严肃死板。

（五）黑色服装球员特点及球童服务

选择黑色服装的球员，往往代表庄重、严肃、权势、力量、神秘、进取、优雅、高尚、内敛、坚定、成熟。他们大都对未来有很好的规划。做事有原则、有主见及应对得体。在别人眼中是个不平凡的人物。作为球员来讲，是球技比较成熟或有一定技术水平的人。缺点是：抑制感情外露，不善于沟通，渴望被关怀爱护，有时喜欢哗众取宠。有时又感情忧愁悲伤。对于选择黑色服装的球员，服务要点是：球童的服务必须专业，尤其对赛事规则要掌握，不但能统计所服务球员的成绩还能同时统计同组球员的成绩，提供的球道信息必须准确无误，避免啰唆式服务。

（六）白色服装球员特点及球童服务

选择白色服装的球员，往往代表纯真、诚实、洁净、神圣、秩序、平和、冷静、寒冷、恐怖。他们大都善于表达自己细腻的感情，有较强的责任感，秀外慧中。较少受华丽外表的迷惑，更在意的是内心的情感和精神。不太喜欢出风头，性格内向。缺点是：让人产生可远观而不易亲近且高高在上的感觉。对于经常选择白色服装的球员，球童服务要点是：服务一定要细腻、干净、干练。电瓶车车座、球具等要维护得非常干净。对球员物品保存要洁净有序。避免拖泥带水式服务。

（七）粉色服装球员特点及球童服务

选择粉色服装的球员，往往代表着可爱、甜美、娇柔、稚嫩、纯真、青春、浪漫、优雅、高贵和美好的回忆。一般而言，在富裕的家庭中长大、家教良好又偏理性的人大多喜欢粉色。喜欢粉色的人性格稳重、温柔，大多都是和平主义者，对各种事物都容易产生兴趣，但却不愿主动探究，还有依赖他人的倾向。比较感性，处世温和，内心希望自己呈现出年轻、有朝气的感觉，甚至希望在旁人眼中是个高贵的形象。大多数不是俊男就是美女，散发着一股让人看到就很舒服的魅力。缺点是：性格比较温柔，依赖性比较强，做事缺乏自信，不擅长向人吐露心事，常常躲在自己的小天地之中。不容易接受别人的意见，也不喜欢和人争论，也常被当作是优柔寡断的人。对于选择粉色服装的球员，服务要点是：温馨细腻式服务，球童要有朝气，要帮助球员树立打好球的信心，尤其是出现击球策略选择和击球失误时更要帮助球员树立信心。

（八）紫色服装球员特点及球童服务

选择紫色服装的球员，往往代表高贵、威严、原则、神秘、天真、艺术、个性。他们大都多愁善感、有创造力、善表达，喜欢与众不同并努力做个卓越出众的人，厌烦从事笨重的体力活动和高度规范化、程序化的任务。喜欢通过艺术作品表现事物，表现自我，希望得到众人的关注和赞赏，对于批评很敏感。言行举止上倾向于无拘无束、不循传统。喜欢在无人监督的情况下工作，处事比较冲动。非常重视审美，性格较内向。喜欢紫色的球员通常都很有艺术感，机智中带有感性，观察力特别敏锐。在公开场合中总是显得沉默，相当有个性。讨厌平庸，喜欢独特的构想。缺点是：常常容易滥用感情，以致造成很多不必要的误会。对于经常选择紫色服装的球员，服务要点是：球童要多赞扬球员的挥杆动作、服饰、发饰等，要有一定的艺术感觉，主动为球员介绍球场特色景致，并找适当时机为球员摄影留念。适当提高球员打球速度。

（九）橙色服装球员特点及球童服务

选择橙色服装的球员，往往代表着自然、柔和、温暖、智慧、震撼、光辉、富足、知识、欢快、活泼、敏感、同情、自助、繁荣与骄傲。他们大都非常热爱大自然并且渴望与自然浑然一体，喜欢户外活动。在林中漫步会让他们感觉到重生的力量，青青的树木和可爱的动物，对他们来说十分重要。橙色是暖色系中最温暖的色。它使人联想到金色的秋天，丰硕的果实。同情弱者，总会很热心地去帮助那些他们值得帮助的人，尽管非常感性化，但很清楚他们在做些什么。在实践中学习是选择橙色的人的一贯作风。能结交到好朋友。尽管他们有时也会激怒对方，但通常不会持续很久。缺点是：由于橙色非常明亮刺眼，有时会使人有负面低俗的印象。对于经常选择橙色服装的球员，球童服务要点是：温柔简练式服务，充分介绍展现球会独特美景，多给球员亲近大自然的机会，对球员的服装、装饰和击球动作多赞美，适当提高球员击球速度。

"色彩是感情的语言"，不同色彩可以诱发不同情感。不同颜色对人的身体、情绪、感情和行为有着深刻影响。由于人们的生活经验、传统习惯及年龄性格等不同，对色彩产生的心理反应也自然不同。球员所选择服装颜色往往能直接反映出他们的心理及个性特征。球童要认真观察、比较、分析，摸索出规律性，从而提供有针对性的服务。

【思考与讨论】

1. 色彩心理的概念是什么？
2. 球童为什么要研究球员服装色彩选择的差异？
3. 球员服装色彩选择的差异与球童服务的要点分别是什么？

【拓展阅读】

球员服装颜色反映性格特征

（注：球员选择的颜色代表一定的个人特征和期待的服务方式）

色彩	代表含义	性格特征	沟通技巧	服务方式
红色	强烈刺激色，代表热情、兴奋、豪迈、焦躁和危险	兴奋、热情、激动、欢乐的色觉	可用幽默热情的方式	热情、微笑、幽默、略夸张式服务
橙色	扩张、兴奋色，代表光亮、温暖、力量	对人的心理有活泼、热烈和欢欣的色觉	语言简练热情的方式	简练式服务
绿色	代表青春、生命、自然、随意、悠闲、娴雅、新鲜、和平、安全	给人心理一种生机、青春、宁静的色觉	亲切自然的方式	自然而放松式的服务

续表

色彩	代表含义	性格特征	沟通技巧	服务方式
蓝色	代表安静、智慧、冷静、和平、温良、深沉、柔和、冷淡、有收缩和退后感	代表安静、智慧、深沉、温良、柔和、冷淡、权威、受人尊敬	稳重沟通，少说话，沟通多用敬语	细节性、细腻简捷、树立权威式服务
紫色	有收缩感，代表高贵、威严、神秘	给人心理有高贵、庄重和险恶的色觉，该色彩的稳定性较差，加之容易使人疲劳，所以应谨慎使用	多用赞美式语言	细腻、艺术式服务
黑色	代表文雅、庄重、严肃、权势、力量、神秘	给人以沉重、庄严和肃穆、成熟的感觉	少说话，多用眼神等肢体语言和专业术语沟通	针对性、专业式服务
白色	代表纯真、洁净、神圣、秩序、寒冷和恐怖	能使人产生干净、纯洁、哀怜、冷酷的色觉	简洁表扬的方式	精致、细腻式服务
黄色	代表温暖、温和、新奇、灿烂、富贵	给人一种高贵、温暖的色觉	微笑式沟通	微笑贴心式服务

第四单元
球童服务中的人际沟通

单元导读

人际关系就是人与人交往中形成的心理关系或心理距离。高尔夫球童是典型的服务岗位,要为各类球员服务,要与各类球员沟通交流。本部分内容的学习就是让球童快速地掌握人际沟通的方式、方法、技巧,学习合理地处理好与球员的关系,从而建立良好的客服关系,建立良好的人脉圈。本部分内容的学习对球童处理人际关系的裨益很大,掌握了基本技巧,让球童在茫茫人际海洋中灵活应对、游刃有余。

知识目标

1. 了解球童人际沟通的概念、作用。
2. 了解球童人际沟通的方式。
3. 了解影响球童人际沟通的因素。

能力目标

1. 能够用一定的技巧与球员进行有效沟通。
2. 能够用一定的技巧和原则处理人际冲突。

素质目标

1. 能够培养良好的感知能力(察言观色)。
2. 能够具备一定的沟通和表达能力。

第四单元　球童服务中的人际沟通

模块一　球童人际沟通概述

沟通是人与人之间传递信息、传播思想、传达情感的过程，是一个人获得他人思想、情感、见解、价值观的一种途径，是人与人之间交往的一座桥梁，通过这个桥梁，人们可以分享彼此的情感和知识，消除误会，增进了解，达成共同认识或共同协议。

一、球童人际沟通的概念

球童人际沟通是指球童为达到更好服务的目的，通过一定的方式，使彼此了解、相互信任并适应对方的一种活动过程。

球童人际沟通的本质表现为一个有意义的、球童与他人互相关联的活动过程。沟通的双方在球员打球过程中，有目的地进行一系列的活动。其重点是要有一定的意义，意义表现为"是否能够彼此了解，是否能够相互信任"。例如，球童见到球员后与球员的寒暄，或节假日与球员的微信、电话问候，或者使用网络与球员的交谈，都是人际沟通的润滑剂，并对今后的工作产生相关意义。

二、球童人际沟通的作用

（一）球童人际沟通是服务的开始

一个优秀的球童一定是一个沟通良好、协调得力的球童，没有沟通就没有效率，沟通会带来理解，理解会带来球员的认可。

（二）球童人际沟通可以说明事物、传递信息

可以通过沟通让球员迅速了解球场信息、天气情况等，为球员击球提供帮助。

（三）球童人际沟通可以获取信息、了解球员

良好的人际沟通可以使球童迅速地获取球员的相关信息（球员的性格特点、技术水平、打球风格和心理需求等），为正确的服务做准备。

（四）球童人际沟通可以交流情感、改善关系

良好的人际沟通可以改善客服关系，帮助球童建立人脉圈，避免球童人际冲突。

（五）球童人际沟通可以营造团队精神

良好的人际沟通可以统一思想，营造团队精神，提升工作士气。沟通是达到球童之间服务默契的重要一环。沟通也是一个明确目标、相互激励、协调一致、增强球会凝聚力的过程。

三、球童人际沟通的方式

依据沟通的表现形式，球童人际沟通常用的方式主要有直接沟通与间接沟通两种方式。

（一）直接沟通

指无须媒介作中间联系的人际沟通，如面对面的谈话、交流等，它是人际沟通的主要方式。球童与球员之间的沟通基本上是直接沟通。球童的人际沟通主要包括语言沟通和非语言沟通。

语言沟通指通过说话的方式进行的沟通。它是一种迅速、灵活、随机应变、有信息反馈、适用性强的沟通方式。但语言沟通的局限性较大，受时间、空间条件的限制，受信息发送者和接收者自身条件的限制。如果信息发送者表达能力差，不能准确地传递信息，会使信息接收者不解其意；如果信息接收者反应不灵敏、不善于分析信息，反馈能力差，也可能会导致信息传递失误，降低沟通效果。所以，球童应该加强语言表达能力的训练，提高自己语言表达能力，准确地向球员传递、介绍相关打球信息，保证球员能准确及时理解、接收球童所传递的信息。

非语言沟通指用非语言符号（尖叫、呻吟、手势等）系统进行的信息交流，主要有肢体语言、面部表情、声音声调、服装服饰、空间位置、时间环境等。

（二）间接沟通

除了面对面的直接沟通外，现代的人们还需要通过电子网络等（信件、电话、微信、QQ、E-mail 等）作中间联系的人际沟通，称为间接沟通，也叫电子网络沟通。尽管间接沟通在过去的生活中比例不是很大，但这种沟通方式在

当代社会生活中正日益增多，改变着现代社会人们的生产方式、生活方式及人们的沟通方式，极大地拓宽了人际沟通的范围与渠道。球童是由青年人组成的团队，青年人更喜欢和擅长利用微信等电子网络与人沟通。

虽然人际沟通有不同的形式，但对于服务业，尤其球童而言，最有效的沟通方式仍然是面对面交流这种最传统的直接沟通方式。

四、球童人际沟通的特征

球童的工作非常具体，他们通过自己的口、手、眼使球员认识每个球道，通过恰当的专业术语、准确的动作、协调的脚步、热情有礼貌的服务技巧将球会的沙坑、果岭和水塘甚至球场上的一草一木，介绍给球员，使球员在尽兴打球的同时，加深对球会的印象和好感。

球童人际沟通具有明确的目的性、象征性、学习性、关系性和决策性等特征，和球童的工作、生活息息相关，和球会的经营效益也直接相关。

（一）球童人际沟通的目的性

球童与球员的人际沟通具有目的性，主要表现在：

1. 满足球员打球的需要

心理学认为"人是一种社会的动物"，人与他人相处就像需要食物、空气、水、住所等同样重要。球员来球场打球就是为了减压、休闲和娱乐，球童与球员之间有效而愉悦的沟通，会使球童快速了解球员的气质类型、性格特点、技术水平、打球需要，从而为球员提供个性化服务，满足球员的需要。

2. 加强自我肯定的需要

球童与球员的沟通能够探索自我以及肯定自我。球童评价自己服务水平的高低、服务质量的好与差，有时是要借助球员的感觉了解的。与球员沟通后所得到的互动结果，往往是自我肯定的来源，人都想被肯定，受重视，球童也不例外，球童从与球员的互动结果就能找寻到部分答案（如球员打完球后不但当面评价球童的服务，还要为球童投服务评价卡等）。

（二）球童人际沟通的象征性

沟通中的语言性或者非语言性都代表着沟通者喜、怒、哀、乐、悲、伤、愁的象征意义。例如，非语言沟通的面部表情能够表现出一个人的喜怒哀乐，或者用文字书写，如写信、文章等方式表达喜好厌恶，传达出沟通者要表达的意思，表现出一种象征性的作用。当球员打出好球或取得好的成绩时球童要及时用语言赞美球员,并表现出比球员还高兴的面部表情和肢体语言来,象征着球童和球员是心心相通的。

(三)球童人际沟通的关系性

球童人际沟通的关系性指在沟通中,双方不只是分享内容及意义,也显示彼此间的关系。在互动的行为中涉及关系中的两个层面,一种是呈现于关系中的情感,另一种是相互关系的控制。关系中的情感表明双方关系的亲疏和远近。球童和球员之间的良好沟通,能够进一步拉近球童与球员之间的距离,融合球童和球员朋友似的服务关系,能帮助球童建立良好的人脉圈。

(四)球童人际沟通的学习性

球童人际沟通可以帮助球童增长知识,获取信息,提高技能,因此,球童人际沟通表现出很强的学习性。球童善于沟通不但可以学习他人的服务技巧、方法、流程,还可以帮助球童学习球员的打球技术、管理经验、为人处世方法等,以便运用在自己的工作和学习中。

(五)球童人际沟通的决策性

人际沟通存在着决策过程中的信息交换和影响他人的作用,因此具有决策性。人们无时无刻不在决策,不论是今天看电视还是上网,明天要穿哪一套衣服打球,或者给对方一个微笑与否?都是在做决策。有时是靠自己决定的,有时是和别人商量后做的决定。

正确和适时的信息提供是做出有效决策的关键。球童在与球员有效沟通,可以帮助球童确定为球员服务的方式,也可以影响球员的决定,例如球杆的选择,击球策略的制定等。

五、影响球童人际沟通的因素

人与人之间的沟通是会有障碍的,球童的人际沟通也不例外,一旦逾越这条鸿沟,球童的自信心和竞争力都会有很大提高,自己也会有良好的人际关系氛围。影响球童人际沟通的因素很多,但主要的有以下几种。

(一)仪表因素

身材、长相、神态、风度、气质等综合为人的仪表,仪表因素主要在"第一印象""首因效应""先入为主""一见钟情"等起很大作用。当球童为一个风度翩翩、仪表堂堂的男球员抑或是气质优雅、温柔漂亮的女球员服务时，球童可能更愿意跟球员沟通交流。

（二）异性相吸因素

性别上能相补相悦，也称互悦，是指男女双方在一起能自然产生轻松愉快互相接纳的感受，这种迷蒙的快感使异性间相互吸引，焕发人的精神，使工作效率倍增。所以，来球场打球的男球员大部分愿意让女球童为其服务，而女球员也愿意让男球童为其服务，这样球童和球员之间的沟通交流也更顺畅。

（三）情绪因素

球员和球童的情绪常常会影响到沟通。情绪好或不好时，沟通的方式都有所不同。一般情况下，在情绪好时易于沟通，情绪不好时难以沟通。所以，球童不要带着负面情绪与球员进行沟通，而应以积极、饱满、愉悦的心情与球员沟通交流。

（四）文化因素

不同文化背景，其沟通方式也有不同。针对不同文化背景的球员要采取不同的沟通方式。例如，点头在我国表示同意，但是在个别国家却表示反对。所以，球童要多了解学习不同地域、不同国界球员的文化背景、生活习俗，便于更好地沟通。

（五）技巧因素

沟通是需要技巧的，一句话可以把人说笑，一句话也可以把人说跳。球童要多掌握沟通技巧。

（六）渠道因素

信息形成后需要传递信息的渠道。一般的渠道有口语、书面语以及非语言等能够被对方感知的途径。例如：语言（声音）、香水（嗅觉）、动作（视觉）、拥抱（触觉）等等，都可当作信息传递的渠道。能够影响这些因素的条件，均会影响人际沟通。球童要学会用不同的渠道与球员进行有效沟通。

（七）理解因素

要了解自己是否理解球员表达的意思，或者球员是否理解自己所说的话，有必要相互沟通，避免由于理解的差异造成误会。由于球童与球员的社会经历、文化程度、价值观念、生活背景、抽象推理能力等因素的影响，同样意思的语句，因不同的人，表达方式会不一样。同样，对接收的信息，因不同的人也会有不同的理解。

（八）环境因素

光线、音量、阴天、雨天日晒等物理因素都会影响沟通的情绪与效果。例如，在烈日下打球人们是很难说出亲密语言的，但此时如果球童一句安慰的话语、一瓶爽口的矿泉水、一条擦汗的毛巾，会让球员顿觉轻松怡然，拉近了球童与球员之间的距离。

（九）个性特征因素

在球童与球员进行信息沟通时，球员和球童的性格、气质、态度、情绪、兴趣等差别都可能引起信息沟通的障碍。

球童要善于分析产生影响与球员人际沟通障碍的因素，扬长避短，发挥自己的特长做好与球员及其他人员的沟通，能清楚地表达自己的思想、行为和目的，也清楚球员及他人要表达的思想，从而处理好人际关系，有一个轻松的工作氛围。如果沟通不好就会产生人际冲突，所以，有效沟通是球童必须要读懂的一篇重要文章。

【思考与讨论】

1. 球童人际沟通的概念是什么？
2. 球童人际沟通的作用和方式有哪些？
3. 影响球童人际沟通的因素有哪些？

【拓展阅读】

人际关系沟通技巧

第一是亲切。爱摆架子的人，人人看见都会敬而远之。能够随时随地放下身份地位，和其他人愉快相处，这样的人才让人由衷喜爱。不论是大官、大老板、大人物、大明星，乐于接近周围的人，随时保持快活的心情，愿意说些家常话，这种亲切的态度，往往使人乐于接近，而且不由自主地受到吸引。

第二是开朗。每天开开心心的人，谁见了都会喜欢。脸上带着笑容，与他见面也会觉得自己变愉快，这种乐观的态度，不自觉地就会感染到身旁的人，大家不由自主地就会想和他接近。

第三是热心。在团体中热心的人，总会得到别人的尊敬。很多人为了一些小事，怕麻烦，只会一味地推托，总是觉得为什么是我来做，总是怕吃亏，这样的人是不易受欢迎的。热心的人，在别人需要帮忙时，他会挺身而出；有时会不计较自己损失的利益来造福大众，这样的人，我们往往会从内心感谢他，敬重他。

第四是幽默。会说笑逗大家开心的人，去哪儿都成了关注的焦点。人人都喜爱开心果，谁爱愁眉苦脸呢？虽然或许他们背后有满腹苦水，但是面对大家时还是把欢笑带出来，谁能不爱他们呢！

第五是漂亮。诗人说，"美是永恒的喜悦。"喜欢美好的事物，本是人的天性。美丽的人，到处都被人簇拥着，也就是这种天性的反映。外表、打扮、穿着能让人觉得赏心悦目，也是吸引人的重要条件呢！

而另外两个很重要的条件就是"人缘"与"亲和力"。总是会有一些人生来就带有一种特质，人缘就是特别好，大家提到他时就会有不一样的反应。但是，如果你拥有一身好的条件，但人缘不好的话，还是会失败的。而一些大官、明星，如果没有亲和力，只会摆架子，那样的人并不快乐，虽然地位高或者知名度高，也不算成功。

模块二　球童服务中的人际冲突

球童人际冲突主要是球童在为球员服务时产生的客服矛盾。主要指球童服务球员时，相互交往互动过程中产生的意见分歧、争论、甚至是对抗。球童是与球员接触时间最长、服务内容最广的工作人员，必然是球会客服冲突情境中的核心人员。认识球童人际冲突，合理化解球童人际冲突，可以有效提高球童工作效率，提升球会影响力。

一、球童人际冲突的概念

球童人际冲突是指球童与球员间由于反应或希望的互不相容而产生的紧张状态。球童人际冲突之所以发生，主要是由于球员与球童之间打球需求与服务供给之间的不匹配。由于球童与球员生活背景、年龄、文化等的差异，从而导致对价值观、知识及沟通等方面不同步的情况时有发生，因而增加了彼此相互合作的难度。

球童与球员一方或双方感觉到彼此的看法、做法不一致而处于对立，个体感到生气、挫折、怀疑，于是冲突就产生了，因此冲突是一种内隐的不愉快感觉。

二、球童人际冲突的效应与起因

在球场上，球童要为球员进行长达4个多小时18洞的服务工作，与球员的需要、观念、价值、利益要求不一致就会引起一种或明或暗的冲突。这种冲突通常有两方面的作用。一方面，如果球童与球员之间关系紧张、互不信任、缺乏沟通、各自心灵闭锁，会造成球员情绪低落，打球成绩下降，最后导致球员愤怒、责骂甚至投诉，会影响球童服务效果，同时也会影响球会形象。另一方面，如果球会的措施得当，球童把人际冲突作为个人进步的动力也是好事情。球童从此应该更积极地学习专业技术，提高服务技巧，加强与球员的有效沟通，那么它的消极影响就可能会压缩到最小，从而使球童的服务水平、球会的服务水准都得到提高，竞争力会增强，对球会的经营在某种程度上会带来积极的影响。

球童人际冲突产生原因主要有个人因素、球会因素和沟通因素三个方面。

（一）个人因素

个人因素主要表现在球童和球员两个方面。

1. 球童方面

表现在球童方面的主要因素是球童服务能力与球员的需求不相匹配。球童往往忽略球员内心的想法，缺乏与球员的有效沟通，常常觉得自己是正确的，或者爱用自己的爱好、标准去服务球员，在服务时容易只站在自己的立场上考虑问题，导致球员与球童发生矛盾冲突。主要表现在：

①球童果岭看线不够准确，为球员摆球线失误多；

②球童盯球能力不够准确，找球成功率不高，且缺乏主动找球意识；

③球童判断码数不够准确，且所报码数与实际码数相差太大，造成球员选杆失误；

④球童递杆速度慢且经常递错杆；

⑤球童的体能完成不了球员一轮打球服务的需要，精神不够集中；

⑥球童与球员接触服务一段时间后，不能迅速掌握球员的性格特点、心理

需求及技术水平，经常出现服务的失误或错误。

2. 球员方面

表现在球员方面的主要因素是球员的气质类型、性格特征和球员素质方面：

①球员球技水平差，且不懂高尔夫规则与礼仪方面的知识；
②球员脾气暴躁、性格古怪，不易接近和沟通；
③球员在打球期间遇到安全事故或财务损失等；
④球员赌球输球了。

（二）球会因素

球员到球场打球，对球会本身抱有良好的期待，如果这些愿望和要求得不到满足，就会心理失衡，于是将冲突转嫁到球童身上。如：

①球会场地条件（草坪品质等）满足不了球员的心理预期；
②电瓶车等硬件设施频频出现故障；
③出发场次安排不当，经常塞车；
④前台接待慢，且结账不准确；
⑤工作人员未培训或培训不合格就上岗工作。

（三）沟通因素

如果球童与球员沟通的方式、分寸不当，导致误解产生，很可能引起人际冲突，具体表现为以下几方面：

①球童缺乏幽默感和亲和力，缺乏沟通技巧，引起球员不满；
②球童对球员的沟通无及时回应或因过于频繁的沟通引起球员反感；
③球童与球员语言不通，存在沟通障碍，无法进行有效沟通。

产生人际冲突的因素尽管有球童、球员的个人因素，球会的机构因素，也有球童与球员之间缺乏有效沟通的因素。但在冲突发生时往往不仅仅是由一个因素产生的，而是多个因素叠加在一起的。所以，在处理人际冲突时球童要具体情况具体分析。

三、球童人际冲突处理技巧及遵循原则

人际冲突贵在预防，但冲突一旦产生了就要及时有效地处理。否则会激化矛盾、激化冲突，既影响球童的工作和成长，也影响球员打球情绪、成绩，更影响球会形象。球会管理者在处理球童人际冲突时要迅速化解矛盾，把冲突转

变成机遇，同时应该遵循以下原则。

（一）倾听原则

倾听原则是处理球童人际冲突的核心原则。善于询问与倾听，努力地理解别人。因为倾听能激发对方的谈话欲，促发更深层次的沟通。只有善于倾听，深入体会到对方的心理以及他的语言逻辑思维，才能更好地与之交流，从而达到协调和沟通的目的。

耐心、平静地倾听球员的陈述、发泄和抱怨，聆听球员的不满和要求，决不能讲球员的缺点和不足。在人际交往中，人们经常会讲述自己的人生故事，同时也在倾听他人的故事。如果你要了解一个人，最好的办法莫过于去倾听他的人生故事。故事是通往他人内心世界的钥匙。学会倾听，就是学会倾听他人的叙事。虽然我们从小就是听故事长大的，但并不见得都善于倾听他人的叙事。在倾听他人的叙事时，要注意听什么、怎样听。要关注首位原则（最早出现的材料）、频率原则（反复出现的资料）、独特原则（特殊的资料）、抗拒原则（被拒绝的资料）。球员在向别人讲述自己的故事，实际也在整合自己的人生经验，反省自己的人生道路。尤其在人生的转折点，自己的故事也发生了逆转，发展和结局都出现了巨大改变。反思自己的故事，就是反思自己的人生。管理者和球童一定要懂得此道理。

（二）及时原则

及时原则是迅速沟通，积极引导，求同存异，把握时机，快速协调。唯有做到及时，才能最快求得共识，保持信息的畅通，而不至于导致信息不畅、矛盾积累。

及时地解决问题，如果超出自己处理的范围需要请示上级管理层的，也要及时将解决的方案通知球员，不能让球员等待太久。当球员投诉或弄清了冲突发生的原因后要迅速采取行动解决问题，尤其打球时的客服矛盾问题的处理，更需要快速和果断，避免球道堵塞，影响竞技运动的进行。

（三）公平原则

公平原则是以事实为依据，以球会管理运行和高尔夫礼仪为准绳，不偏不倚，有理有据，谨慎处理。并尽可能参照以往或同行成功处理此类问题的做法进行操作。

（四）满意原则

满意原则是处理球员投诉时的首要原则。处理球员投诉的最终目的不单是解决问题或维护好球员的利益，它的结果关系到球员在经历这一问题的解决后是否愿意再度光临，这一原则应该贯穿于整个服务的全过程。在数学上，100-1=99，而在经营上 100-1=0。看似 1 名球童与球员发生冲突，但是可能导致球员对整个球会的否定和不满，使整个球会的声誉受到影响，因为球员不可能让所有的球童都为其服务。在球员看来，为他服务的球童就代表了整个球会的服务水准。在市场竞争激烈的条件下，他们可能不再选择继续在这里打球。为了有效处理球童人际冲突、使球员满意，可以运用四个步骤提升满意度。

第一，道歉。球童人际冲突是普遍存在的，承认冲突中的错误，认识到向球员道歉是必要的，真诚地向球员道歉，能让球员深切地感到他们对球会的价值，重新赢得球员的好感。

第二，同情。是指对他人的不幸遭遇产生共鸣，能设身处地理解他人此时的思想、感情和需求，并给予及时的关心、安慰、支持等情感援助。球会应对愤怒的球员表示理解，对球童未能满足球员的需求并对此造成的影响进行补偿。

第三，赎过。对球员进行补偿，比如送个礼物、承诺服务质量等。

第四，跟踪。球会必须在冲突处理之后，对球员进行跟踪回访，进行自我评价，获得补救措施，以确认哪些环节还需要进一步改进。

（五）感谢原则

感谢原则是在处理人际冲突结束后，一定要当面或电话感谢球员提出的意见和给予的谅解。

要带着感谢的愿望去说，并赋予感情和生命。不要使人听起来很死板，成为应付人的"客套话"。如果球会在服务和硬件设施方面存在的问题，没有满足球员的需求，要表示真诚的歉意，并承诺在最短的时间内进行解决和整改。感谢球员的谅解，真诚发出邀请共同监督球会工作。做好投诉记录并跟进完成，这是竞技服务投诉处理的一条非常有用的原则。

处理球童人际冲突更要注意询问问题时目标要具体，不要只使用一两个字，以免显得不庄重，要使用正向语言行为（说话的方式比所说的内容更重要），把无知归诸自己。在询问问题时应注意倾听，并仔细观察、判断球员的情绪变化，以正确理解原有信息，用真诚的语调使问题的解决更顺利。

【思考与讨论】

1. 球童人际冲突的概念是什么？
2. 球童人际冲突的效应与起因是什么？
3. 球童人际冲突处理技巧及遵循的原则是什么？

【拓展阅读】

如何构建健康的企业人际关系

一是真心。万事就怕一个"真"，你真心与他人交往，相信他人也会对你坦诚相待，人心都是肉长的，你愿意付出你的真心，这是构建健康的人际关系的基础。

二是沟通。很多关系的破裂都是由于缺乏沟通或沟通不当，当你以为你们已相处很久，你的想法他一定懂时，实则不然，你是你，他是他，有些想法你不说他不一定会懂，只有说出来，相互沟通才能解决问题，在沟通的同时也要注意方式方法，让沟通的效果更佳。

三是换位思考。"横看成岭侧成峰，远近高低各不同"。问题的出现，大多是因为我们不会换位思考，不会站在对方的角度看问题，当你学会站在对方的角度看问题时，你就能真切地体会对方，从而改变自己之前的想法。

四是利益。古人有云"天下熙熙攘攘，皆为利来，"人与人之间也是如此，前提是你要"慧眼识人"，选对你要交往的人。有的人你对他再好他也不会有感恩的心，反会将其当作理所应当；而有的人你对他好一分他会对你好十分，关键就在于你的慧眼。别人对你好，你反过来也要对别人好，这样才能让人际关系更长久些。

五是信任。不论是朋友相处还是夫妻相处，信任是非常重要的，没有信任任何事情都免谈，你信任别人，反过来别人也会信任你。有了信任的桥梁，双方的相处便顺畅、愉快。

六是尊重。人人都要尊严，都爱面子，在与人相处的过程中，也要尽力维护他人的尊严，玩笑可以开，但是要把握分寸，在与人交谈时言辞要柔和得当，切莫过于犀利，以免伤及他人尊严。

模块三 球童的八个服务技巧

沟通是服务的开始，一个优秀的球童一定是一个沟通良好、协调一致的球童，没有沟通就没有效率，没有有效沟通就会缺乏理解，就会缺乏球员对球童的理解。沟通是达到球童之间在服务时默契配合的重要一环。沟通也是一个明确目标、相互激励、协调一致、增强球会凝聚力的过程。所以，球童在为球员服务时要从以下几个方面掌握沟通技巧。

一、及时掌握球员的气质类型

现实生活中，人们的性格各式各样，有些人内向沉稳，有些人外向热情，有些人挑剔多事，有些人乐观幽默。

球员的人格特点，最容易看出来的就是气质特点，是内向型还是外向型。内向的人不爱说话，外向型的人多爱表达。遇到内向的球员，你只需要把他最想知道的事情告诉他就行了，他不会与你谈球场之外的事情。遇到外向的球员，他们不仅打球，还要聊天，你如果像对待内向球员那样为他服务，他说你像个木头。有些球员打球速度很快，杆一拿到手就迅速把球打出去了，他们打球时不愿意等，如果你不能迅速把他需要的杆拿给他，他会对你发脾气，遇到这种球员，球童应在球员击球之前适当地提醒他们多做一些试挥动作，等准备充分了以后再击球。而有些球员打球速度特慢，试挥动作能做几十次，尤其是在果岭上，走过来走过去，别人很着急，他们却不紧不慢地看球、推球。遇到这种球员，球童应该做的就是在他们准备击球之前，主动准确地帮助他们报出码数，看准方向，看好推球路线，以减少他们的准备时间。

在需要方面，有些球员把杆数的多少看得很重要，尤其是赌球的球员更是如此。在对这些球员服务的时候，球童必须十分认真诚实地记分，并严格按照高尔夫规则办事。如果球童帮自己的球员少记杆数，又让别的球员发现了，他们会非常恼火。也有一些球员只重视下场打球的感觉，不太看重杆数，对他们记分时也就不必太认真。

在情绪方面，掌握球员情绪类型很重要，最难缠的就是那些情绪不稳定的球员，打上一杆好球他们会眉飞色舞，打了一个臭球他们会勃然大怒，恨不得把球杆摔了。遇到这种球员，球童必须小心翼翼地为他们服务，因为他们正找不着出气的对象呢，千万不要成为他的撒气筒。即便是球员把气撒在你身上，你也不要太在意，更不能和球员计较长短，如果这时候和球员理论，肯定会引起冲突，最后吃亏的还是自己。只要球童不去激怒球员，球员也犯不着去投诉球童。

二、快速了解球员的打球水平

球员的打球水平，表面上看来是用差点计算出来的，然而在实际下场打球时，球童要迅速了解的不是这个球员差点的高低，而是这个球员的击球距离和击球路线特点。一个合格的球童，在球员打了几洞以后，会对球员的击球距离做到心中有数。

迅速了解球员击球路线特点也是球童必须具备的基本功之一。只有这样能够为球员提供有效技术指导，才称得上是好球童，其中包含了球童对高尔夫深层的理解。

三、善于赞美球员

生活在社会上的每一个人，都喜欢被人夸奖、赞美，这是通过别人的言语确认自己价值的内心体验。

赞扬是夸奖、称赞的意思，是运用稍微夸张的言辞表彰人、赞美人。无论是赞扬，还是恭维，都是日常社会活动中人际交往常使用的一种沟通方式。赞扬和恭维不仅能够调节心理，激励人们更好地学习、工作和生活，而且对改善人际关系，加强与他人的友好合作，具有积极的推动作用。

因此，了解和掌握一些使用赞美词、恭维话的基本要求，对于球童人际关系沟通也是至关重要的。

（一）诚恳热情

诚恳热情是赞扬和恭维人时的态度。对他人的学识、才干、政绩、业务、成就、气质、风度、打球技术等方面持积极肯定的态度，给予真诚的赞扬。比方说"这件衣服很好看，款式非常适合您""您的球打得太棒了，不熟悉您的人还以为您是职业球员呢"。尽管赞美之中掺杂一点夸张与奉承的成分，但对方从你的神情中可以悟出你的夸奖是真诚的、热情自愿的，无疑会愉快地接受。但是，赞扬也不能为讨好对方，刻意夸大其词，把一个球技特差的球员，说成是职业选手，人们会说你谄媚，心生厌恶。

人们都希望得到赞扬，但是这种赞扬之声必须是真诚的、善意的，才能为双方的沟通打下良好的基础。

（二）具体明确

赞扬必须明确具体，有的放矢。否则是不会达到预期效果的。这就是说一定要抓准一个"点"，而这个点必须是对方十分看重和在意的、自我感觉特别良好的。这时，就需要掌握适当契机，运用热情动人的言辞，明确具体地赞扬。比如，对一个切杆特好的人，希望别人对他最得意、最想让人刮目相看的地方也给予赞扬，如果我们在这"点"上对他大加赞赏，一定可以使他心理上得到极大的满足。接下来，他不论与你交谈什么，都可能是积极、热情和宽容的。所以，赞扬一个人，越具体、越明确，效果就越显著。

（三）恰当有度

恰当有度指讲话实事求是，没有过头话。赞扬一个人，既不能夸大其词，说得不着边际，也不能不分青红皂白、信口开河。而是要根据不同情况，选择恰当的言辞，合理把握一个"度"。比如对初学者，语气上可略带夸张以勉励为主；对有十几年打球经历者，语气上则应带有尊重的意思。

在球场上，所有的球员都会打出好球，也会打出坏球。打好球时赞美比较从容和自然，也理所应当。但是当球员打出坏球时，球童应该怎样用语言宽慰球员，又让球员听起来舒服，能够迅速地从挫折中缓解情绪呢？这就是学问。有些善解人意的球童会通过自我批评来调节球员的情绪，例如："对不起，是我的责任，我没看好线（或我码数报错了等），下一杆我们一定能打好。"实际上，他（她）根本没有责任，是球员自己打得不好，但是当他（她）把责任拉到自己身上时，球员就会说："没关系，是我自己没打好。"别看这短短的一句话，既可缓解球员的情绪，又可拉近球童和球员的关系，球童还不用花一分钱，是一个无本万利的生意，但是很多球童却不懂得巧用时机。

四、面带微笑服务

微笑服务就是球童在为球员服务时能保持愉快的心情，让微笑洋溢在脸上，让微笑伴随着对客服务工作的全过程。

我们都有这样的体会，无论面前的球员穿着如何华丽、典雅，球具如何贵重，如果球员的面部表情显示出高傲、刻薄、自私或冷漠的时候，球童一定不会喜欢，甚至有不想为这个球员服务的念头。

同样，如果球童在对球员服务的时候，面部表情呆板、冷漠，球员也会有同样的感觉，也会产生换个球童为自己服务的念头。这是因为，一个人的面部表情，是对对方接纳程度的指标。呆板、冷漠表情的潜台词意思是"我不喜欢你，也不喜欢这项工作！"而面部露出的微笑表明"我喜欢你，非常高兴见到你，为你服务我很开心"。

此外，微笑还有另一层含义，那就是表示此人是否对自己所从事的工作感兴趣。当一个球童对自己的工作感到毫无兴趣的时候，他会把每一次出场服务看作是"受罪"，又怎么能够笑得出来呢？反之，当他把自己的工作不仅看作是谋生的手段，而且抱有浓厚的兴趣时，他就会从自己的感受出发去体会球员的心情和需要，当球员打出好球时，他会由衷地和球员一同高兴，当球员打出一杆质量不太高的球时，球童会发自内心地为他捏一把汗。这是因为"一个人的事业成功与否，在很大程度上取决于他（她）对这项事业是否有浓厚的兴趣"。

对球童工作是否有浓厚的兴趣，从脸上的表情就可以观察得很清楚。每个人都会笑，但会心的微笑和敷衍的微笑截然不同，也极容易分辨。发自内心的、会心的微笑是一种从心底里自然流露出的情绪，它具有强烈的感染力，能够被其他人所体会，也会受它的感染；反之，敷衍的微笑是机械的、呆板的、没有感染力的"皮笑肉不笑"，这种笑不仅欺骗不了别人，反而令人厌恶。

很多球童，总是抱怨球员对自己的态度不好，但是他（她）们没有弄明白一个道理：如果希望别人用高兴、欢愉的心情来对待你，那么你先要用这种表情去对待别人。所以，作为一个好球童，当每天遇到自己的球员时，第一件事就是对球员报以一个轻松的、自然的、甜蜜的微笑，那么球童与球员之间的关系就有了一个良好的开端，也进一步拉近了球童和球员之间的距离。

美国前总统林肯曾经说过："大多数人所获得的快乐，跟他头脑里所想到的差不多"。的确，在众多球童中，有不少人属于那种被称之为"阳光男孩""阳光女孩"的人，球员只要略加品味，就会发现这些球童不论性格、气质、能力差异有多大，都有一个共同点，就是他（她）们时刻充满了快乐和幽默，并把这种快乐和幽默自然地流露出来感染他人。也许球童自己并没有意识到这一点，但他（她）们的阳光心情足以表明，自己是快乐的。同样也有一些球童，自打客人和他接触之时起就不舒服，他（她）们的脸是阴沉的、没有生气的，让你总感到别扭。

可见，愉快的心情是微笑的基础，要得到别人的喜欢就要培养自己保持一个良好的心情，并且把真诚的微笑洋溢在脸上，让微笑时刻伴随工作和生活，要知道，微笑是永远受人欢迎的，微笑服务是球童与球员沟通的万能钥匙。

五、眼明手快

眼明手快是指球童在服务中，能够迅速洞察球员的意图和目的，并采取机敏的方式，随时应付。在服务行业，眼明手快实际上说的就是用心服务，手脚勤快。

用心服务指的是想球员所想，急球员所需。常言说，"想到才能做到"，球童工作既然是服务工作，你就必须为球员着想。球员是来打球的，他们所有的心思都花在如何打好球上了。球童服务的标准也是主要围绕着如何为球员打好球服务就行了。但也有一些球童悟性很高，他们不满足于只为球员打球服务，而是通过每次为球员服务赢得良好的人际关系，扩大自己的人际交往圈，这些球童的眼光比较远，久而久之会从球童岗位上获得很大的自我发展空间。

反过来，另外一种人他的想法较狭隘，虚荣心也强，总觉得对方是人，自己也是人，凭什么我就要为你服务？有这种想法的球童心并不懒，只是想法不对，有了这种片面的想法，球童的手脚也勤快不起来。

手脚勤快指的是不但心想到了，还要手到、脚到。你想到了为球员递水，但没有去做，这和你没想到在行为效果上是一样的；如果你想到了为球员摆球线，但怕摆错了球员埋怨不敢去摆，这也和没有想到一样。所以，手脚勤快的前提不仅要"心"到，而且要积极落实到实际服务中。

六、乐观幽默

乐观幽默就是球童要有开朗的心态，用一些含蓄的语言、趣味的话题调节对客服务气氛，或改变一下尴尬局面，使自己或大家能体面地解脱出来，并以此维护了相互尊严，赢得了大家的喜欢。它是对事物矛盾机敏的反应，是智慧的闪现，是自信的表现，它在引人发笑的同时，还具有促人思考的功效。

社会中，人们的性格各式各样，有些人内向沉稳，有些人外向热情，有些人挑剔多事，有些人乐观幽默。在和各种性格的人交往过程中，我们大都比较喜欢和外向热情、乐观幽默的人打交道，至少容易和他们拉近人际距离；内向沉稳的人也许不是讨厌的人，但我们在交往中总会感到有种压抑感，不容易拉近心理距离；挑剔多事的人到哪里都会让人讨厌，都不会有良好的人际关系。

同样，球员也会喜欢让热情大方、乐观幽默有亲和力的球童为他们服务，让这样的球童服务会让他们觉得友好、轻松、自然、愉快，这些感觉恰恰是球员到球场想要体验的感觉。

七、有效言语沟通

常言说："良言一句三冬暖，恶语伤人六月寒"，指的就是有效沟通在人际交往中的重要性。

言语是人与人之间交往的门户和脸面，在人际关系中，有两种交往方式最常见，一种是长期交往型，另一种是暂时交往型，球童和球员的关系恰恰就是属于这种暂时交往型，在这种交往中，球童和球员可能是初次见面，也可能有几面之交，但双方根本谈不上深交。由于人对人的理解是建立在相互了解和信任基础上的，几次短时交往又不可能产生充分了解和信任，所以，言语的表达既是球童赢得好感的法宝，也是球童遭到厌恶的原因。球童的沟通就是说球员能听懂的话、喜欢听的话，而不是说自己想说的话。

很多球童并不懂这个道理，不会在初次交往中合理地运用言语这个沟通交往工具，要么不吭气，要么就言语淡漠，想说什么就说什么，或者言语被动，球员不问不说话，球员问到了也懒得多说几句，结果必然是球员不高兴。越不高兴就越容易发生言语冲突，把一场球的气氛搞得紧张兮兮。球员打完球一赌气连小费也不给。反之，有些善解人意的球童懂得"话是开心的钥匙"这个道理，懂得有效沟通的重要性，他（她）会合理地恭维、赞美球员，和球员进行广泛的交流，把球员说得心花怒放，高兴得不得了，一场球下来，人际关系搞得十分融洽，下次球员再来打球还有点他（她）的可能，哪怕多给点小费也愿意。所以，温暖的言语是金钱。因此，要做一个优秀的球童，就要会说话，会用温暖的言语与球员进行有效的沟通。

八、避免争论

避免争论就是球童在服务时如果球员因打不好球等状况而责怪时，球童不与球员争论对错的一种表现。从理性上来讲，争论并不是坏事情，通过争论，可以明辨是非、分清对错。但是，在球童服务行业，你和球员并没有原则性的利害冲突，也到不了非要争个谁对谁错的深层人际交往程度，所以，争论只会带来人际关系上的不和谐，这不仅是球场管理层不愿意看到的，也是服务行业的大忌讳。

一般来说，球童在实际服务时，会遇到形形色色、不同类型的球员，大多数球员是讲道理的、友好的，但也有一些球员比较挑剔，他们常常把打不好球的责任归咎于球童，例如，发球下水了，怪球童没有事先告诉他旁边有水；进攻果岭那一杆打近了，球没有打上，埋怨球童报的码数不准确；推击没有进洞，说球童摆的推球线路不对，没有告诉他草纹走向，或没有提醒他上坡、下坡推球，等等。球童会觉得很冤枉，心里不由自主地会念道："你打不好球怎么总是怪别人？""真是莫名其妙，睡不着觉反而怪枕头！"等。一旦有了这些想法，球童就会不知不觉地产生抵触情绪，服务态度不由自主会冷淡下来，当对立情绪产生后，言语上就会导致争论不和谐，甚至有"我不给你服务了还不行吗？"的想法。这种想法是非常不可取的。

正确的做法是，当面对这些球员时，球童应该及时调整自己的服务方式、服务态度，介绍球道、击球距离、果岭状况的时候，多说一些，说得详细一些，用这种办法把球员的嘴堵住，使他想埋怨你都埋怨不成。而当球员埋怨的时候也不与他争论。发自真诚的服务，球童的每一瞬间服务都真诚的、专业的，尽全力做好服务，工作自然会尽善尽美。

【思考与讨论】

1. 如何善于赞美球员？
2. 结合实际谈一谈球童为什么要学会沟通？
3. 结合实际谈一谈球童处理人际关系的技巧有哪些？

【拓展阅读】

球童建立良好人际关系的技巧

良好的人际关系是事业成功的重要因素，同时也是球童成长的一种必备技能，因此，球童要掌握建立良好人际关系的技巧，主要应考虑以下几个方面：

1. 重视第一印象，如果第一印象好，即使我们工作中偶尔出现疏忽或过错时，客人也会愿意原谅。反之，第一印象差，出现问题再补救就困难了。
2. 善于理解客人，体谅客人，多从客人的角度来考虑问题。
3. 善于预见和掌握客人光顾球会的动机和需要，善于体察他们的情绪及获得服务后的反应，采取针对性服务。
4. 以真诚的态度和热情服务让客人感到球童确实是在关心他，为他着想，愿意理解他的观点，满足他的要求。
5. 对待客人一视同仁，不以衣饰、肤色、国籍等取人，平等对待。
6. 对客服务要言行一致，重视对客人的承诺。不但要说得好，而且要做得好，行动胜过千言万语。

第五单元
球童服务中的产品营销

单元导读

营销是一门无时不用的学问，球童在日常对客服务中，会经常遇到球员咨询球会高尔夫相关产品的种类、价格等问题。面对球员这样的问题，作为一个优秀的球童，应该对球会销售的产品有充分的了解，能够在服务好球员的基础上，运用恰当的营销方法技巧，适时向球员推介高尔夫产品，从而满足球员需求，同时对球会高尔夫产品营销工作的开展也是一种有益的补充。通过本单元的学习，学生将对高尔夫会籍产品、球会的附属设施所衍生出来的主要产品等知识有一个清晰的认知，并掌握基本的营销技巧，更好地做好服务和营销工作。

学习目标

知识目标
1. 了解高尔夫会籍产品的分类方式。
2. 了解会籍产品常用的几种定价方法。
3. 球童服务中的产品营销技巧。

能力目标
1. 能够判断高尔夫会籍产品的类型。
2. 能够熟练地运用营销技巧向客人推介高尔夫产品。
3. 能熟练地与球员及其他人员进行有效沟通。

素质目标
1. 培养学生吃苦耐劳、乐观向上的精神。
2. 培养学生诚信、敬业的品质。
3. 培训学生的市场意识。

模块一 高尔夫产品基础知识

一、高尔夫产品定义

高尔夫球运动已有500余年的发展历史，在世界范围内（尤其在欧美），高尔夫球是一项成熟、健康、高雅、文明、时尚的运动，是一项在中产阶级以上非常普及的、伴随很多人终生的运动项目。人们对高尔夫的需求，主要集中在运动本身，尽管这项运动是极具贵族色彩的，但更重要的这是个"绿色鸦片"，它是享受的和上瘾的。因此，一直以来，高尔夫销售卖的就是运动，高尔夫产品也就是围绕运动所形成的有形和无形的产品，包括由球会品牌、球场、时间、附属卡、嘉宾数量、提前订场时间、价格等基本要素组合起来的呈现不同价值价格的众多变量组合体。它包含会籍卡、球场、服装、球具、餐饮、住宿、康乐、高尔夫房产和球童服务等。

二、高尔夫产品的类型

在高尔夫营销市场中，高尔夫产品可分为有形与无形两大类型。

高尔夫有形产品：包括球场、会所、餐厅与酒吧、高尔夫地产等大宗产品，不可单独出售，以租借方式或转让经营权方式实现商业交流。还有服装、球具、球车、养护品等。

高尔夫无形产品：高尔夫无形产品往往需要靠搭载有形平台进行售卖。包括高尔夫会籍、高尔夫旅游、高尔夫竞赛及组织、高尔夫媒介等。

三、高尔夫球会籍产品

（一）高尔夫球会籍

高尔夫球会籍被视为通往高尔夫俱乐部及上流社会的通行证，高尔夫会员证或会籍的拥有及销售对球员、俱乐部都具有不同寻常的意义。会籍销售是高尔夫俱乐部的重要任务之一，对于会员制俱乐部来说，高尔夫俱乐部的会籍销售是俱乐部建成营业后最重要的利润来源，也是俱乐部资金回笼的关键一步。会籍销售的情况不仅反映了该俱乐部被市场认可的程度，同时也是一个俱乐部盈利能力的重要标志，对俱乐部未来的经营管理有直接的影响。一般来说，高尔夫球童必须了解本球会相关的会籍产品知识，以便可以随时为球员做介绍。

1. **会籍的概念**

所谓会籍，又称会员证，是指高尔夫俱乐部向球员出售的若干年段的俱乐部打球资源，也是俱乐部相关设施使用权的综合凭证。而对于球员来说，会籍是球员向俱乐部购买俱乐部打球及其他权益、服务以及相关权益的资格。会籍的使用人，即会员在高尔夫俱乐部里可以行使会员权益，如打球免果岭费、免费使用俱乐部里相应的设备设施，可以携同亲友享受俱乐部有关服务，且亲友可享受相应待遇等。

2. **高尔夫会籍分类**

会籍的种类受到周边地区的经济状况、同业竞争、俱乐部风格、配套设施、管理模式等因素的影响。会籍的类型不同，会员享受的权益也不相同。

（1）按会籍的主体分类

①团体会员

俱乐部的团体会员一般是合法注册的公司或企业，团队会员是由公司指定的享有打球资格和权利的自然人。团队会员通常成为提名人，有明确提名人的为记名团队会员，不指名提名人的为不记名团体会员。团体会籍也称为公司会籍或法人会籍。记名公司会籍通常包含1~3位记名人，会籍价格因记名人数的不同而有所差异。团体记名会员通常经可以申请更换，当然不记名的公司会籍可以是公司所有有资格的人，凭证可以消费，但俱乐部会限制每次使用的人数，价格比记名会籍更高。

②个人会籍

自然人以个人名义入会，是俱乐部的个人会员。一般俱乐部规定年满18周岁的人士可申请成为俱乐部的个人会员。因为每个俱乐部对会员的资格要求不同，会员的入会条件就存在很大的差异性。

③附属会员

根据俱乐部会籍章程，个人会员与团体会员记名人的配偶及未满18周岁的未婚子女有资格成为该个人会员和团体会员记名人的附属会员。

（2）按会籍的使用特点分类

①记名会籍

该类会籍仅限记名人本人使用。

②不记名会籍

一般分为两种，一种是每次仅限一人使用；另一种是不限制使用人数，而限制使用天数或使用次数。

（3）按会籍的使用期限分类

①短期会籍

年度会籍并非享有完全权益的会籍，而是一种享有部分基本权益的年度推广卡。是为了使俱乐部在特定时间内创造更多现金流而采取的推广措施。年度会籍年限1~5年不等。通常来说，这类会籍的年限设置1年为好，这样俱乐部可根据市场变化，及时进行调整。

②时段会籍

会员主要集中在周末打球，平日俱乐部的使用率偏低，俱乐部为了提高平日时段的使用率，做到"地尽其用"，一些俱乐部策划平日会籍来进行促销。时段会籍有明确的发行数量和使用年限的限制。由于时段分割降低了会籍的价格，使更多的人能够进入高尔夫俱乐部进行消费，并带来俱乐部餐饮、住宿及其他服务产品等消费，增加了俱乐部的收益。

③旅游会籍

旅游会籍入会的费用低，并同时享有多个俱乐部按会员待遇打球的权益。旅游会籍以向高尔夫分时互动计划（Forward Golf Tour Schedule，"FGT"）最为典型。FGT通过吸引高尔夫俱乐部加盟，由俱乐部发行自身的分时会籍，拥有其中一个加盟俱乐部分时会籍的会员，即可通过FGT将所拥有的30天时段，全部或部分交换到其他加盟俱乐部享受会员待遇打球。

④终身会籍

该类会籍的权益，使用年限一般与俱乐部经营期限同期，不分平时，假日均可使用，同时没有使用次数限制。

（4）按权益的内容分类

①可转让会籍

可转让会籍是指入会会员所赋予的权益在符合俱乐部章程的条件下，转让给他人。可转让会籍是商业性俱乐部普遍采用的会籍形式。获得此会籍的人，需根据俱乐部要求提交相关材料，经俱乐部批准，为转入新会员办理相关手续（如办理会员证书和会员卡）后，新会员享受此类会籍所赋予的权益。

②不可转让会籍

即根据俱乐部章程规定不能转让的会籍。一是商业性俱乐部的附属卡，不能单独转让。二是赋予特殊权益或有特定时限的会籍不能转让。如荣誉会籍一般是俱乐部基于会员身份的肯定而赋予其荣誉，通常是受邀入会，无须缴纳入会费用，但会籍不允许转让。荣誉会籍数量很少，是特殊会籍的一种。三是部分纯私人会所的会籍不可转让。

③创始会籍

一般是俱乐部创立初期销售的会籍为创始会籍，可以享受比其他会籍更多的权益，从而吸引人们入会。创始会籍一般有较严格的名额限制。

④非创始会籍

因享有的权益多少不同，又可分为钻石会籍、金卡会籍、银卡会籍等。这些权益包括是否享有附属卡，是否享有在有两个基本18洞以上俱乐部打球的权利，是否享有全部使用权等。

3. 会籍的补充形式

由于我国高尔夫消费市场尚处于培育阶段，总体消费群体还很小。一些俱乐部为弥补会员人数不足或平日俱乐部打球人数较少，资源闲置的状况，开展了多种形式的营业推广活动。

（1）消费储值卡

先期一次性购买一定场次（10次、20次等）的消费权限储值卡，使用人只需要凭卡即可消费。每次消费从卡中扣除，储值卡次数越多给予折扣优惠越大。或者是预先购买一定金额的储值卡，享受一定的折扣，然后指定储值卡消费范围。这种产品适合客源稳定的旅行社机构、高尔夫专业组团机构。消费储值卡也多见于礼品赠送。

（2）特惠日

目前，我国很多俱乐部根据地区人们的打球习惯，选择周一至周四的某一天，提供特别优惠全包价进行促销。特惠日价格包括18洞果岭费、球童费、设施费，个别俱乐部还包括球车费。特惠日的价格一般比嘉宾价要低，要具有足够的吸引力。特惠日选择要考虑与周边地区俱乐部错开。特惠日是当前较为有效的促销方式之一。

（二）球会附属设施的衍生产品

1. 一般附属设施及主要产品

由于功能的需求，绝大多数球会都建有会所、酒店、练习场、专卖店等配套设施和各种衍生产品，如住宿套餐、特色餐饮套餐、练习场会员卡/储值卡等。

2. 特色附属设施及主要产品

有些地理条件优越的高尔夫项目还会建有温泉、滑雪、游艇、马术、游乐园等独具特色的配套项目。相应的衍生产品也很多，如门票、套票、月票、年票、租赁产品等。

3. 重点设施及主要产品（别墅、公寓等）

高尔夫地产因相对成本低、环境好、售价高等特点，受到很多开发商的青睐，熟悉各种房产项目的进展和大体价位，也是球童需要了解的一项内容。

四、球童营销的必要性

（一）从球童服务的特点来看

球童是与球员零距离、长时间接触的企业员工。通过球童的服务不仅展示了整个球会的形象，而且可以第一时间掌握球员的潜在需求，球童应在适当的时机向球员推荐俱乐部新提供的服务项目和重要活动，对俱乐部的活动起到宣传、推广作用。这种轻松自然的信息传递，使客人更容易接受。球童对球会的经济管理的影响力之大可见一斑。

（二）从球会全员营销的角度来看

对球童进行必要的销售知识培训，在整个球会的营销工作体系中起着举足轻重的作用，但大多球会在这一点上都缺乏深刻的认知。随着高尔夫市场的竞争日益强烈，相信越来越多的球会将把对球童的产品知识培训放在更重要的地位上，并出台相应的奖励措施。

五、球童营销知识的培训

（一）简易型培训

由于球童是一个庞大的群体，如果进行专业化营销培训，可能需要极为漫长的时间，但简易型的培训可以达到快速实用的营销目标。简易型的培训以掌握部门归属、迅速联系到责任人为基础，大体了解产品类型和价格即可。如：客户咨询会籍价格；即可简要回答有几种类型的会籍，大概价格是多少，具体的权益和优惠条件，留下客人的联系方式，回场后以短信或邮件的方式给客人发过去。这是怎样做到的呢？很简单，球童知道会籍销售部对接服务人员的电话。其他的产品培训也大抵如此。

（二）复杂型培训

这种培训比较少见，多作为度假助理形式出现，度假助理兼具球童和销售的双重职责，除了做好球童服务工作外，还可为客户进行订场、订餐、订客房等服务，同时也进行会籍推销。

【思考与讨论】

1. 球童服务在球会营销中的地位和作用。
2. 高尔夫会籍产品的分类方式有哪些？
3. 谈谈不同球童培训类型的优缺点？

【拓展阅读】

高尔夫会籍产品

传统的经营观认为，产品只是特定的物质形态和具体用途。现代市场营销中，产品被归结为消费或者通过购买获得的需求满足，它包括向市场提供的能满足需求的有形物品和无形服务。同传统认识相比较，这是一个产品的整体概念，它包括核心产品、形式产品、扩大产品三部分内容。

1. 核心产品

核心产品或称实质产品，指产品向消费者提供的核心利益、提供的需求满足。如人们对高尔夫的消费，其核心是高尔夫产品给消费者带来的精神满足和好处，而不是高尔夫产品本身。因此，通过高尔夫运动来获得能满足某种需要的效用或利益，才是消费者真正要买的东西，它体现了一种心理上的属性。

2. 形式产品

形式产品或称形体产品，指产品的实体和劳务的外形、产品的形态。市场销售程度和价格受高尔夫设施等多项影响因素而定。包括球场规模、养护质量和设计，会所质量及配套设施，也受历史、年份、设计师和地理位置的影响。另外，广告的促销也非常重要。经济越好，交易越趋旺盛。高尔夫会籍可进行二手市场交易。高尔夫会籍本身可能具有球场、会所等有形资产相伴随，也可能只是一种协会或俱乐部组织形式。例如目前中国境内成立的网络俱乐部即为一例。网络俱乐部无球场，它只是一种组织打球和竞赛的民间机构而已。这种机构也相当于苏格兰无设施高尔夫俱乐部。它同有设施俱乐部一样，可以发展会员，其主要目的是组织举办各类大型比赛及活动，从中获取一定的利益。

3. 扩大产品

扩大产品或称延伸产品、附加产品，指产品的各种附加利益的总和，即消费者在购买产品时得到形式产品以外的各种利益。作为高尔夫产品整体概念，除了人的服务和设施性物品两大要素外,还包括地理位置、环境、交通、景观及安全等因素。这些因素称之为附加产品,是消费者在进行高尔夫运动时所获得的附加利益。附加产品的概念来源于对市场需求的深入认识,因为消费者总是希望得到和满足与该项需要有关的一切。高尔夫经营者应该明白,当今的市场竞争一是表现在企业能给消费者提供什么产品,二是其产品能提供何种附加利益上。

从整体概念分析,高尔夫产品是指高尔夫市场上销售的物质产品和服务产品的总和。高尔夫核心产品指高尔夫企业为客人解决的打球等基本需求问题;形式产品指高尔夫企业的某些表现形态,如建筑、设施特色等;延伸产品指高尔夫企业为客人提供的一些附加服务等。

模块二 球童服务中的产品营销技巧

球童服务中的产品营销技巧考验了球童对心理学、高尔夫产品专业知识、社会常识、表达能力以及沟通能力等的综合能力。作为球会的对外联络窗口,球童的营销工作具有先天的便捷性。球童在为球员四个多小时的服务中是最了解球员需求的,球童根据球员的需求,适时地推介球会的高尔夫产品,是球会的一种重要营销手段。这也是很多球会开始重视球童营销的主要原因。球童营销是人与人之间沟通的过程,宗旨是动之以情,晓之以理,物之以需。球童的主要工作是为球员服务,所以首先要把服务做好,在此基础上要学习掌握球会高尔夫产品的种类、价格、营销的流程、技巧等。从而为适时地进行高尔夫产品的营销创造有利条件。这样既提高了球童的服务水平,增加球童收入,也提高了球会的整体效益。

一、塑造良好的营销氛围

每个人都想博得他人的喜爱,球童营销的第一产品是球童自己,球童在为球员服务和推介产品的时候,如何获得良好的第一印象,是至为关键的事情。球童的人格魅力、信心、微笑、热情都必须全部调动起来,利用最初的几秒钟尽可能地打动球员,这就需要球员具备非凡的亲和力和丰富的内涵。如果球员特别喜欢这个球童和球童的服务,就可能激发球员通过球童购买产品的欲望。顶尖的球童不但注重第一印象,他们还把球员当成自己长期的朋友。他们关心球员需求，表现为随时随地地关心他们，提供给球员最好的服务和产品，保持长久的联系。他们能看到球员背后的客户，能看到今天不是自己的客户，但并不代表明天不是，尊重别人，让别人喜欢，不仅是一种技巧，更是一种美德，是自身具有人格魅力的体现。

二、善于挖掘和把握客户的潜在需求

（一）善于倾听法

球童在服务时对球员的表述要有耐心，因为这是建立沟通的基础。球员有向球童述说的欲望，就说明他已经初步接纳球童了，球童要给球员这样的机会，表现出你对球员的重视。积极而主动地倾听，用言语、非言语和恰当的动作参与进去，倾听时尽量身体前倾、点头、微笑，表示对球员的认同和理解。倾听的过程就是了解球员需求的过程。当球员被一个人专注倾听时，他的自尊心会加强，他感到受人尊重了，他觉得自己更棒了。进而，他会对这位专注倾听自己的球童产生好感，也喜欢把自己的需求说给他（她）听。

（二）察言观色法

球童除了耐心倾听球员的需求表述，还要具有敏锐的观察力。善于从球员的外表神态、言谈举止上揣摩他们的心理特点，正确判断他们的需求和爱好，善于从年龄、性别、职业特征、关注点、言谈、举止上判断他们对高尔夫产品的不同需求。眼睛是心灵的窗户，语言是心理的流露，举止是思维的反映。从球员的言谈举止、表情流露上进一步了解球员的消费需求和购买动机，还可以看出球员的脾气和性格。观察是为了更好地了解球员的服务需求和购买需求，同时进行信息收集、归纳、整理。

（三）个性营销法

个性营销是指球员特定的欲望被满足，或者球员特定的问题被解决。主要内容包括：根据球员的自身特点、性格爱好等为球员推介球员感兴趣的产品信息、选择球员喜欢的高尔夫产品种类等。个性化服务在改善客服关系、培养球员忠诚度方面具有明显的效果。能够满足球员这种特定需求的，唯有靠球会产品提供的特别利益。因此，球童的销售就是要能够找出产品所能提供的特殊服务，满足球员的特殊需求。

（四）细节营销法

球童营销服务专业和不专业的区别往往就在细节上。球童为球员服务时要注重细节，细心观察球员在打球时装备情况、需求情况等。为球员推介产品时更要注重细节，尤其在球员的敏感阶段。球员敏感阶段有两个：首先是进入球员的第一印象阶段，这时球员的印象能左右他购买的欲望（尤其是购买会籍卡等），其次是成交结账阶段，这时的球员在进行最后的思想斗争。球童和销售人员在此时要一百二十个小心，注意每一个细节，让球员真正放心。

（五）情感诉求法

销售心理学研究成果表明，人们在购买产品或服务时，全部都是基于心理的感性诉求为出发点。如果球童在介绍产品或服务时，能够满足球员的情感需求的话，那么价格方面的顾虑就变得次要了，甚至是根本就无关轻重了。就像一个男士，为了博得女士的爱慕，几乎是完全丧失理智地购物送礼。这恰恰证明，对于爱情的情感诉求，已经完全占据男士的心理需求，理性的决策，变得黯然失色。大多数营销人员满脑子都是自己的产品是什么，但是目标客户并不在乎你的产品是什么。他只在乎你的产品或服务能为他达到什么目的。

1. 资金

如果球童可以把自己球会的产品与为球员节约资金联系起来，会吸引球员的全部注意力。比如球员购买会籍卡时，通过球童的努力能为球员节省一部分资金，会吸引球员购买欲的。

2. 安全

每个人都有对安全（包括球员信息的安全、打球的安全、会籍卡升值的安全等）的基本需求，尽管购买产品的金钱是硬邦邦、冷冰冰的。但是对安全的需求确实是温暖的、充满人情味的。任何时候，球童只要向球员说明，他若拥有该球会的产品后，就能更安全时，就能激发出球员购买的兴趣。

3. 地位和尊荣

对球员的一个最有力的激励就是地位和尊荣。当球童以增强球员地位、尊重和声望来推介自己球会的产品时，就可以触及这一深层人群的需求，所有人都有一个重要的需求，那就是让自己的购买的产品被他人认可。当你能通过定位自己的产品和服务，让一个人感到他可以通过使用该产品获得更多服务、获得更多身份上认可和尊荣、更有影响力、更受欢迎时，常常会引发球员的购买欲望。

4. 健康和快乐

每个人都想活得健康、长寿、快乐。如果球会的产品或服务能够改善球员的身体素质，增加球员的乐趣且价格在球员可承受的范围内，那么球员就会非常有兴趣地与你进行交流。

5. 领先潮流

球员的一个最深层的需求和欲望是：让人认为自己跟上时代的潮流，不会被社会潮流所抛弃，是早期接收者。这部分人群占购买群体的 5%~10%。如果球童对一位有兴趣的目标球员说："您将是高尔夫行业中第一个拥有我们球会产品的人"，或者说，"您是所在地区中第一个拥有我们球会产品的人"。就会立刻在这些"早期接收者"中引发购买欲望。

6. 爱和友谊

人们都渴望友谊和建立良好的人际关系，尤其是高尔夫运动是帮助球员建立友谊的一个平台，当球童能让目标球员感到自己因为接受了这项运动而更有吸引力，更受人尊重、引人注意时，就能唤起目标球员的购买欲望，许多销售都是建立在友谊或好感的基础上的。

7. 自我发展

知识不但是力量，更是企业创造财富的核心能力，与 21 世纪一起到来的最重要的需求之一，就是人们对更多知识和技能的渴求。如果一个目标客户感到你的产品或服务会把他带到生活或工作的一个新高度，使他以某种方式变成一个不同的人，能给他的生活或工作带来某种永久改变，能够帮助他达到更高层次的个人成功和自我实现，你就再一次调动了目标球员的购买欲望。他愿意为投资自己、提升自己花的钱，是没有上限的。

球童营销时要善于学习和利用情感诉求法来满足球员的购买愿望，提高自己的营销业绩。

（六）暗示成交法

心理学研究表明，自我心理暗示很重要，人在潜意识当中，如果经常去想一件事情，往往这件事情在不久的将来就会发生。所以，一个优秀的球童，要学会给自己、球员良好的心理暗示。球童对球员可以通过暗示来影响对方的购买欲望。球童可以使用暗示成交法来促进球员成交，在球员的大脑里栽下发芽的种子。球员的最终成交是基于前期与球童或销售人员沟通时大量信息综合分析的结果。人们能按照逻辑方式接纳信息，不过他们的大脑只保留一定数量的数据（理性的信息）。而对于图片和故事（感性信息），人们的大脑却能保留数百万个。最顶尖的球童是那些不断对产品进行感性描述的人。用言语在目标球员的大脑里创造出画面，促使其尽快产生购买欲望。

（七）产品优势法

球童要熟悉自己球会的产品特点和优势，同时尽可能多了解其他球会的产品特点。球童只有对自己球会和其他球会产品的优点和不足都有全面、客观的认识和评估，球员才会对球童产生信任感（因为没有任何产品是只有优点而没有缺点的）。球童要把球员最关心的问题讲深、讲透。在给球员介绍产品之前，一定要了解清楚球员最关心、最重视的产品特点是什么，然后根据球员最关心的问题，进行有针对性的介绍。千万不要尝试"一锅端"式的推介产品，企图把自己球会产品所有的优点都讲给球员听，那样只能适得其反。介绍过程要简单、明了、思路清晰，尽量做到语言不多、重点突出、意思明了、条理清楚，这样球员听起来会很轻松，比较容易理解，同时记忆也比较深刻。还要让球员了解球会对于产品（包括球场、球道、景观等）先进的设计理念。因为只有设计理念是先进的，才有可能把产品的各方面优势都做到极致。所以，一定要熟练掌握自己球会产品的特点和优势。因为你的球员不会比你更相信你的产品。

（八）赌博心理法

很多球员在购买产品过程中，特别是在涉及价格的时候，其实内心很大程度上存在"赌博"心理的。比如，当一名球员明知道你公司会籍卡价格比他了解到的其他球会价格要贵一些，过段时间，还主动打电话给你询问他希望的低价是否可以成交的时候，很大程度上，是球员内心的赌博心理在起作用。因为球员明知道你球会的价格高，还主动打电话给你，这说明，你的球会肯定有可以吸引球员的地方，一般是地理的优势、球会品牌的优势、球童个人魅力和服务的优势等。球员打电话的目的是想抱着赌一下的心理，能够拿到低价最好，如果实在不行，也有很多真正吸引他的地方，最终选择成交的概率也是很大的。毕竟，真正吸引他们的地方不是绝对意义上的价格。球童在做营销时也要掌握目标球员的赌博心理。

球童常用的营销技巧主要有以上善于倾听法、察言观色法、个性营销法、细节营销法、情感诉求法、暗示成交法、产品优势法、赌博心理法等方法。但对于球童做营销来说，技巧还很多，要积极向销售专员学习、认真揣摩，不要急于求成。要拥有一个积极主动双赢包容的良好心态。积极的心态不但使自己充满奋斗的阳光，也会给你身边的人带来阳光。

【思考与讨论】

1. 球童常用的营销技巧主要有哪些?
2. 球童在服务中如何挖掘和把握客户的潜在需求?
3. 谈谈你对球童营销意识培养重要性的理解。

【拓展阅读】

销售人员挖掘客户需求的方法——提问

挖掘客户需求是销售人员在销售过程中一个非常重要的环节,是接下来销售工作顺利进行的保障。挖掘客户需求的方法有很多,下面主要介绍提问的方法技巧。

通过提问去了解客户需要什么是很重要的方法。此时把握提问的技巧就十分必要了。

一、提问的类型

1. 封闭式的问题

封闭式的问题是限制对方回答的内容,或者要求得到某种特别的信息的问题,即只能用是或不是、对或错、买或不买等来回答的问题。当客户和销售人员沟通的时候,如果跑题了,就要用封闭式的问题使客户的话题回到正题上。例如,"对您而言,俱乐部品质重要吗?""您想扩大您的朋友圈吗?""您会顾虑有关服务方面的问题吗?"通常只能用"是"或"不是"来回答。

2. 开放式的问题

开放式的问题是鼓励对方说话,不限制对方回答内容的问题。例如,"您能描述一下您对于高尔夫俱乐部都有哪些需求吗?"类似为什么?有什么?是什么?做什么?怎么样?都是开放性问句。这种开放式的问题可以使客户尽情描述他的需求。因此,销售人员在了解客户需求的时候,要尽可能多提开放式的问题。

二、提问的方法

1. 开门见山提问法

开门见山提问法是在会谈中有不明白的问题或想了解某一问题时,直截了当地向对方提问,不绕圈子。例如,"您对打高尔夫球有兴趣吗?"

开门见山提问法具有言简意明的特色,因而常被销售者所采用。当然,常用并不等于任何场合都能使用,当对方对某些问题有所避讳时,就不宜直问。

2. 委婉含蓄提问法

当对方对某些问题有所讳忌时不宜直问，遇此情况，成功的销售人员常采用委婉、曲折的问法，迂回含蓄地提出问题。这就是我们所说的"委婉含蓄提问法"。

3. 诱问导入提问法

所谓诱问导入提问法，就是有目的地诱问、引导，使对方不知不觉地落入自己预设的"圈套"。

4. 限制选择提问法

限制选择提问法又称为二者择一法，它是一种故意将对方的选择范围限制在两个选择之间的提问方式。例如，你要邀约客户，并想让他按你设想的时间赴约，于是，你在即将结束交谈时说"既然这样，那么，我们是星期二见，还是星期三见？"这里"星期二见，还是星期三见"就是限制选择法。

5. 协商讨论提问法

协商讨论提问法是指用商讨的语气向对方发出的提问。例如，"你看咱们就这样定了好不好？"协商讨论式提问法，语气平和，即使对方没有接受销售人员的意见，交谈的气氛仍能保持融洽。

6. 澄清证实提问法

在销售谈判中，谈判的一方为了进一步证实上一轮问答中对方答复的意思是否准确，澄清对方的态度是否明朗，常常针对对方的话语进行反馈提问，这就是我们所说的澄清证实提问法。例如，"你刚才说你会尽量满足我们的要求，是这样的吧？"

第六单元
球童心理健康

单元导读

健康是人类生存和发展的基础，是每个人所渴望的。是指个体无论在何种环境下都能保持一种良好的心理状态，能随环境的不断变化有效地调整自己的心理，面对挫折，能更好地表现出积极的适应和改变，个体的社会行为不但能为自身带来愉快和成就，而且还能为社会环境所悦纳。高尔夫球童的心理健康是关乎企业生存与发展的大事。可以想象，一个心理不健康的高尔夫球童会难以为客人带来良好的服务。所以身为高尔夫球童的从业人员，保持良好的身心状态尤为重要。

知识目标

1. 了解心理健康的概念。
2. 了解高尔夫球童心理健康的标准。
3. 了解球童工作压力、疲劳的产生。

能力目标

1. 能够掌握球童预防挫折的主要方法，做好球童服务工作。
2. 能够熟练运用人际交往技巧，做好自我调节。

素质目标

1. 培养球童健康、乐观的工作心态。
2. 培养球童爱岗敬业、细心踏实的职业精神。
3. 培养球童学会及时地倾诉，或用其他途径化解不良情绪。

模块一　球童心理健康概述

一、球童心理健康的含义

健康是人类的基本需求之一。长期以来，人们对健康的理解强调的是身体没有缺陷和疾病，而忽视了心理方面的健康。因此，必须展开和加强球童的心理健康工作，维护和提高球童的心理健康水平，减少心理疾病的发生。

球童心理健康是指球童无论在何种工作环境、学习环境和生活环境下都能保持一种良好的心理效能状态，即球童能随服务环境和服务球员的类型的不断变化有效地调整自己的心理状态，面对挫折，能更好地表现出积极的适应和改变。

二、球童心理健康的标准

关于高尔夫球童的心理健康标准，不同学者的观点不同，并且随着社会文化和时代的进步，球童的心理健康标准也在不断地发展和变化。作为服务行业的球童要培养自身良好的心理品质，树立正确的服务意识，从而更有效地为客人服务。高尔夫球童心理健康的评判标准和尺度有如下标准：

①要有充分的吃苦耐劳精神。

②学会在球场工作中实现自我价值的成就感、有归属感。

③了解、提升自己的服务能力，对球童角色的职业要求正确地定位。

④保持良好的情绪和饱满的工作热情，能容忍挫折和打击。

⑤能保持人格的完整与和谐，与其他球童之间保持良好的同事关系和上下级人际关系。

⑥具有较强的向资深球童学习的能力，适应高尔夫行业发展的需求，不断完善自己。

⑦要有切合实际的工作目标和生活目标。

⑧在不违背职业要求的前提下，球童能保持自己的个性，不过分阿谀，有个人独立的意见，有判断是非的标准。

高尔夫球童心理健康就是能够善待自己、善待客人，适应环境，情绪正常，人格和谐。心理健康的球童并非没有痛苦和烦恼，而是他们能适时地从痛苦和烦恼中解脱出来，积极面对工作和生活。球童要善于不断地学习，利用各种资源，最好能多读有益的书，多参加业务培训不断地充实自己。不钻牛角尖，善于从客人角度换位思考，从不同角度看待问题。

三、球童心理健康的影响因素

健康的心理不仅可以使高尔夫球童在工作中、学习中精神饱满，充分发挥才能，而且还能给生活带来无穷的快乐和幸福感。有些球童工作、生活中存在各种主客观因素影响了他们的心理健康，处于徘徊、矛盾之中，严重的时候会导致某些心理疾病的产生。因此，分析影响球童心理健康的各种因素就显得十分重要。

（一）影响球童心理健康的内在因素

1. 生理因素对球童的影响

这里主要指神经系统功能的影响作用。由于遗传基因的不同或影响、创伤等原因，使人表现出不同的神经类型或神经系统的强度。不同神经类型的人，对外界刺激所表现出来的反应能力是不同的。

2. 身体健康状况对球童的影响

人们对周围环境刺激所做出的反应，往往会由于自身身体健康状况的不同而不同。一般来说，具有良好身体心理状况的球童能够正确感知外界客观事物，并做出恰当的反应，而身体不适或者有病往往容易歪曲事实，同时表现出不良的情绪。例如：焦虑、紧张、厌烦等。

3. 情绪因素对球童的影响

球童的良好情绪可以减轻或消除精神紧张，保持和调节机体内各系统、各器官功能的协调和平衡，维持身心健康；不良情绪往往会过分地刺激机体而引起机体功能的紊乱，导致身心疾病。

4. 人格因素对球童的影响

人格特征主要是后天环境中形成的，它决定了球童对环境刺激的反应方式。具有良好人格特征的球童，能够以积极、乐观的态度进行工作或生活；反之，则容易对周围的一切抱着怀疑、恐惧和敌对的态度，这种反应方式会引起球童内心的高度紧张，加重他们的心理负担，从而影响心理健康。

（二）影响球童心理健康的外在因素

个体生活于人类社会的大生态系统之中，个体的存在状态受到整个社会生活的影响。个体生活、学习在家庭、学校、社会之中,其心理健康状况极大程度上与这些外在的生活环境相互联系,受其影响。

1. 单调、重复工作的影响

高尔夫球童长期从事单调、重复的球场服务工作,容易产生乏味心理。有时甚至到了午饭的时间没有结束服务而吃不上饭,久而久之引发胃病。种种状况都会使球童失去对工作、学习内容的兴趣,甚至还会出现厌恶感。

在我国高尔夫球场担任球童工作的人,一般来说年龄都比较小,大致在18~25岁,以前的工作经验不丰富甚至毫无工作经验,初来乍到,一切都是陌生的;不仅如此,新来的人基本上没有打高尔夫的经历,在此之前甚至没有见过高尔夫或听说过高尔夫。面对一个崭新的工作环境,很多人开始会感到很茫然、不知所措。这是正常的心理,也是可以通过学习迅速适应的。

2. 工作环境和条件变化的影响

现在在球童岗位上工作的人,年轻人居多,很多是刚从学校毕业的学生。这些人大多数从小就没有离开过家庭,独立生活能力还有待于锻炼。

还有一些人从小就娇生惯养,没有吃过什么苦,现在不但要每天在太阳底下晒几个小时,走上近十公里路,而且住的环境也不如家里那样舒服,所以就会在心理上感到生活的艰难,这是一个过程,只要你把它看作是对自己的锻炼,过一段时间会适应的。

球童在自己已经熟悉的环境、条件下工作、学习往往会表现得应付自如。在这种情况下,他们性情开朗,工作、学习的效率也高。

3. 人际关系紧张的影响

年轻人到新环境工作还有一个值得注意的大问题,就是人际关系的不适应。在球童岗位上工作的人,大都是社会阅历相对不丰富、社会经验相对欠缺。年轻人的优点是有理想、有朝气,但这些人的不足之处就是社会化程度还不够高,遇到问题容易激动,在处理人际关系上常常凭着自己的感觉来,遇到人际关系问题又不知道如何理智地处理。常常和同事、客人发生不愉快的事情。这些都是初入社会的人常常会出现的不适应现象,随着大家年龄的增长,阅历的丰富,会逐渐适应的。

4. 突发生活事件的影响

球场中驾驶球车发生事故、被球或球杆打伤、食物中毒、失恋、离异等突发性的生活事件,在生活中非常地常见,往往会给球童造成心理上的创伤和情绪上的波动。

从以上几个影响球童心理健康的内、外因素来看,当事件发生之后千万不可慌张,要冷静面对。脑海里应迅速分析原因,并制订一个应急处理的计划。球童在应对突发事件时候要注意球员利益、球会利益总是要大于个人利益,保持清醒的头脑,哪怕自己牺牲一点点也要为球会做出自己的努力。

在实践中,球童要充分发挥自己的主观能动性,在端正认识、强调自我修养的前提下,及时有效地调节自己的心理状态,确保球童心理健康水平的不断提高。

【思考与讨论】

1. 球童的心理健康标准是什么?
2. 怎样保持自己的心理健康?
3. 分析影响球童心理健康的因素有哪些?

【拓展阅读】

心理测试:你的心理健康吗?

以下问题请回答"是"或"不是"。

1. 有些人或事是否很容易让你不开心?
2. 有人对不起你,你是否超过半年还耿耿于怀?
3. 你是否一路上对那个在公共汽车上或地铁里碰了你却不道歉的人很气愤?
4. 你是否经常不想跟人说话?
5. 你在做重要的工作,是否觉得旁人的说话打扰你,让你很烦?
6. 你是否长时间地分析自己的心理感受和某一行为?
7. 你是否经常觉得别人看不起你?
8. 你是否常常情绪不好?
9. 你与别人争论时,是否常常无法控制自己的嗓门,导致声音太响或太轻?
10. 你是否习惯于自言自语?
11. 别人不理解你,你是否会发火?
12. 是不是看喜剧片、听笑话也开心不起来?
13. 是不是常觉得有人作弄你?

请客观地回答上述问题。如果答案多为"不是",那么恭喜您,目前您具有健康的心理;假设答案多为"是",那么要提醒您格外小心了,您的心理可能已出现问题，会影响到心理健康。若通过上述问题，您已经发现问题所在，应尽量及时改善。

模块二　球童挫折情绪的产生与预防

由于球童服务工作的特殊性，加之有些球童年龄偏小，社会经验不足，个别客人素质不高，赢球心切，态度生硬，造成矛盾，使球童产生挫折情绪。从心理学的角度看，挫折（frustration）是指个人在某种动机推动下所要达到的目标行为，受到无法克服的障碍而产生的紧张状态和情绪反应。

一、球童产生挫折的因素

球童主要的工作、生活的时间都是在高尔夫球场中，球童的工作就是为客人提供优质的打球服务。客人到球场消费时，对球场本身和球童的服务都抱有良好的愿望和期盼，如果这些愿望和要求得不到满足，由此产生抱怨和不满而进行投诉，进而球童和客人之间就会产生矛盾，使球童心理产生挫折。原因主要有两个方面。

（一）主观因素

1. 个人能力及专业知识不足

人的能力有高低之分。比如，有的人能统率千军万马，有的人甚至连自己也管不好。有的人书本学习能力强，但做事笨手笨脚；有的人书本学习能力太差，而动手能力却很强。球童亦是如此，学习、工作能力差异很大，只有通过不断的努力学习来丰富自己的专业知识，才能为客人提供优质的服务。如果目标未能达成，会造成心理挫折。由此可见，正确地认知自己的能力是非常重要的。

2. 自身形象不满意

球童会因自身心理素质、体力、外貌或者文化水平、性格所带来的限制，导致服务中的自卑、怯懦、不积极。如有一名女士很想当演员，但由于声音沙哑而不能如愿；有些青年人找对象受了挫折，就嫌自己长得不够高大、不够英俊等。种种逆境会产生挫折感。

3. 个人工作动机受挫看不到前途

工作中遇到挫折每个人都有不同的认知和感受，获得的情绪体验也有差别，因此感受到的压力和打击也不同。球童在服务中受挫都会感到迷茫，在看不到前途的时候，仍然需要继续努力和准备着，例如：学一门外语、练习打高尔夫球、考取高尔夫资格证书等。

（二）客观因素

1. 客人投诉后被罚或停场

客人的投诉是他们主观上认为由于球童服务工作上的差错，或者自己的利益受到了损害而引起的纠纷，球会针对球童在服务过程中出现错误的严重性给予处罚。

2. 客人行为不检点

尽管球会在官方措辞中，都要求客人不得有不当要求和不雅行为，但仍有许多客人心知肚明而为之。球会之所以难以处罚和批评，原因很简单：这个行业奉行"顾客就是上帝"的准则，球会不可能因为客人的一点小过失而斤斤计较，尤其是当客人是一掷千金的富豪或一言九鼎的权贵时。

在网络时代，任何客人只要稍有不满，无论他是否占理，都可以在网站上大肆批评，致使成千上万的潜在顾客望而却步。球会为了讨好客人，不得不"卑躬屈膝"。

球童在服务客人时，要注意举止得当与仪容仪表得体，并且把握交往的深度。以避免交际不当产生的挫折感。

3. 球童部内部矛盾大、不团结，管理混乱

不良的球会内部貌合神离，工作关系从表面看，相互之间保持一团和气，但是一遇到具体问题，潜在的矛盾就会暴露出来。一旦问题出现，就会推卸责任、相互埋怨、私下指责。

球会管理层各自为政，各吹各的号，各唱各的调，互不服气、互不协调。人心涣散就会出现管理的混乱。

4. 国家政策和行业影响

中国高尔夫行业从2016年处于清理整治的收官阶段，市场持续调整，行业深度整合。2017年，国家发改委、国土部、环保部等十一部委联合宣布，高尔夫球场清理整治及全面核查工作已完成。目的为了减慢高尔夫产业发展并控制球场数量。规范高尔夫行业的举措还包括、扶持公众球场的发展、扶持大型高尔夫管理公司或连锁制球场、扶持高尔夫教育的发展等。

二、球童挫折后的行为反应及预防

球童遇到挫折后表现的反应是各不相同的。挫折如不超过球童个体的容忍力，则是一种磨炼。它引导个体的认识产生创造性的改变，增长解决问题的能力，引导球童以更好的方法满足需要。然而，挫折过久、过强、超过了球童的忍受力，如果球童不能正确对待，则可引起适应不良，情绪紊乱，发生疾病或行为的偏离。

（一）挫折后的反应

那些对挫折缺乏正确认识或者采取了不适当的适应机制的人，往往容易使挫折反应变得更为明显、强烈、持久，形成恶性循环，对球童自身的身体健康和心理健康造成进一步的损害。

1. **攻击行为**

（1）直接攻击行为

即挫折发生后，引起人的愤怒情绪，直接攻击人或事物。其攻击的方式可能是表情的，或怒目而视，或挥手指责。

（2）转向攻击行为

有三种，第一种是迁怒，由于球童自身有怨气，可能会将愤怒宣泄到不相干的人身上。第二种是无名火，没有原因，毫无根据地迁怒于人。第三种是自我责备。

2. **冷漠反应**

球童产生挫折后的反应，有时不是攻击，而是沉默与冷淡，冷漠中也包含有愤怒不满的情绪，只是球童这种不开心的情绪被暂时压抑，没有爆发，而是以间接的方式表示反抗，球童如果以这种方式对待客人，势必给球场带来不利影响，客人的人际传播比广告宣传还重要，因此，球会或球童本身应杜绝此行为发生。

3. **固着反应**

也称固执反应，即指球童遭受挫折时，以一种一成不变的方式对待球员，这种刻板式的反应更无助问题的解决。有些球童性格特别倔强，脾气也很直率。但在服务场所，客人是上帝。碰到棘手的问题，就应灵活机动，采取迂回策略，尽全力使客人感到满意。

4. **幻想**

幻想是挫折后另一种退缩反应形式。即指球童遭到挫折后，陷入一种想象境界中,以非现实的方式来对付挫折或解决问题。这也是球童解决问题的大忌。

5. 退化反应

即指球童遭到挫折时,采取幼稚的反应形式,恢复个人幼稚时期的习惯和行为方式。这种现象尽管在球童中较少出现但也偶有发生。

(二)挫折后对球童的影响

挫折后不仅会产生各种立即性的行为反应,还会对球童的身心健康、工作热情和团体的工作绩效带来持续性的不良影响。

1. 有损于身心健康

挫折会对球童构成情绪上的打击或威胁,常表现出紧张、压抑、焦虑不安并兼有恐惧、痛苦的情绪状态,这种情绪状态持续,就会影响球童的健康,也可能导致人的心理变态,作为球场的管理人员,要密切注意球童的心理健康问题,做到及时疏导、及时沟通、及时解决。

2. 降低球童的创造性思维活动水平

挫折及不良反应对于团体有极大的危害,持续的影响可能导致球童士气低落,失去信心,纪律涣散,不爱下场,情绪不稳,事故上升,绩效降低。

3. 减弱自我控制能力,发生行为偏差

持续的挫折影响,可能产生连锁反应,导致团体的社会心理气氛受到不良影响。作为球会一定慎之又慎。

(三)球童个人预防挫折的方式

防卫方式:球童要善于把培训或生活实践中学到的常用的应付挫折情景的方式,变成自己的习惯模式,帮助自己渡过难关。具体有以下几种方式。

1. 多学习、多提高

使球童多学习高尔夫知识,学习球童服务流程与技巧、学习高尔夫专业外语知识、学习球童服务心理方面的知识、学习高尔夫礼仪,提高高尔夫球技水平等。

2. 多沟通、多交流

球童要多与球员沟通交流、多与同事沟通交流、多与领导沟通交流,既做好横向沟通也做好纵向沟通,在沟通过程中交流彼此心得和经验。

3. 多幽默、善亲和

球童应该多增加自身的幽默感和亲和力,要善于发现幽默和表现幽默。要给客人宾至如归的感觉。

4. 多参与、多表现

球童了解球场的运营情况和球场各项政策，多参与公司的各项活动，多展示自己的各方面能力，让球会领导、员工和客人了解自己。增强自信心实现球童自身更大的人生价值。

（四）球会在预防球童挫折时应采取的具体措施

1. 引导球童正确对待挫折，正确看待失败与逆境

"失败"大家都不喜欢。但是我们平日生活中，这两个字用得太多了。没有成功或没有达到目的，就算失败了。但并不能把事情简单划分为成功和失败两种相对的状况。球童服务工作，常需要多次的尝试努力，才能有机会获得成功。每一次球童服务得不完美，反思后，可学到更多的知识和经验，经过再次调整努力后，会更进一步地接近成功。小张到球会已经有一年时间了，对球会的要求和如何服务客人有了一定的了解。从刚开始服务时忘带 mark、丢果岭叉、遗落客人的杆头套，现在已经能完全胜任球童服务工作并且时常得到客人的夸奖。但是他还是觉得自己做得不够好，通过不断学习相关知识，使自己变得更完美、更成功。严格地说，小张每次都没有失败，每一次都有一点点进步，都是对自己最终的成功的积累。

2. 调适人际关系

在和谐的人际关系中，大家可以及时沟通意见，有难题大家一起解决，和睦相处，矛盾冲突自然少了，人际矛盾引起的受挫的机会也就自然减少。可见，为减少和避免受挫折，改善组织人际关系是需要上下级共同做好的一项工作。

（1）理解法

理解是协调人际关系的基础，理解可缩短心理距离，增加一致性，有利于求同存异，协调关系。

（2）协助法

相互支援，相互帮助，相互尊重，能用实际行动协调彼此之间的人际关系。

（3）沟通法

交流信息、交流意见，加强同事或上下级沟通，可以增进相互了解与理解，消除隔阂，减少对立情绪。

（4）谅解法

当双方或者一方对另一方产生误解时，采取宽容与谅解的态度，适时沟通

能达到消除误解，协调关系的作用。

3. **性格培养**

（1）不断提高球童认知水平

由于各种良好的心理品质的形成都是以认识为基础的，因此形成正确的是非观、美丑观和荣辱观，做到既能正确认识、评价社会生活中的社会现象及他人，也能客观地认识与评价自己。同时在实践中不断学习自觉地塑造自己良好性格的方法和途径。提高自身素质和业务水平，才能有所作为，取得三赢。

（2）寻求崇拜的偶像，发挥榜样的影响和效仿作用

心中的偶像是在人的个性发展中起着一种引路人的作用，人的性格正是从模仿走向自觉与成熟的。因此，如球童在工作中、行业中、生活中找对了自己崇拜的偶像，在模仿榜样的过程中可使自己的性格得到完善。

4. **提供学习，交流平台**

球会作为管理者，为激励员工不断进取，表达对球童优质服务的肯定，可适当提供球童业务技术学习的平台或奖金奖励，增强球童业务能力和自信心理。如开展业务培训、出国交流等。同时，球会的人性化管理也是企业文化的一部分。

5. **加强企业文化建设**

球会应加强企业文化建设，开展丰富多彩的职工业余文化活动，提高团队凝聚力。如"我最喜爱的球会（道）摄影比赛""我的理想与志向演讲比赛""员工趣味运动会""员工与会员联欢晚会""球会年度优秀员工旅游"等活动。

6. **改善管理制度和工资待遇问题**

改善管理制度和管理方式，如适时调整组织结构（扁平化，扩大管理幅度）；取消不利于调动职工积极性和发挥聪明才智的不合理工作制度；实行必要的参与制、授权制、建议制等；完善人事工资奖金制度，以此营造既有工作秩序，又有宽松与人性化的工作环境，使职工既没有受严格监督和控制的感觉，又有良好的心情，因此，心中的不满也就消失了。

7. **调适不良情绪**

不良情绪是阻碍人际关系、损害球童身心健康、破坏群体意识、降低球童工作效率的重要因素。因此，调适不良情绪是预防心理疾病的有效措施之一。调适不良情绪的具体方法有理智控制法、合理释放法、注意力转移法、艺术升华法、自我安慰法等，这些方法的具体内容前面已论述，不再重复。

【思考与讨论】

1. 什么是挫折？你是如何应对挫折的？
2. 分析球童挫折产生的因素有哪些？
3. 分析球会在预防球童挫折时应采取的措施有哪些？

【拓展阅读】

勇把挫折当动力

我是一名男球童，在高尔夫服务行业，作为一名男球童我也是新手。说很容易、没有辛酸是假话，甚至要比很多形象好的女孩子更努力和更优秀才行。球童培训期间，我就很努力，关于高尔夫的一切我都去了解和学习，经常看高尔夫赛事，关注高尔夫明星们的动向，同时也在努力练球。

培训期间真的很累，功夫不负有心人，我很快通过了考试，正式成为一名球童。第一次下场服务的经历我至今还记得，我和一个老球童一起服务两人组。18个洞打下来跑得我满头大汗，腿也是酸的，虽然没有出现大的失误，但是，因为我的服务速度跟不上，还有紧张，连累了我的同伴。好几次我球杆带少了，都是她帮我拿过来，弄得她也很累。最后被客人责备，我很是过意不去。回到宿舍，自己思前想后，以为这个工作不适合自己，甚至动过想放弃的念头……

随着之后出场次数的增多，越做越熟练了，还认识了很多客人，也熟知了一些客人的习惯，服务的时候就轻松了很多，偶尔还和客人开个无伤大雅的小玩笑。服务的时候，能多聊客人感兴趣的话题，总之，在多思考、察言观色的前提下，灵活而热情饱满。

现在想想，很庆幸自己当时没有放弃，偶然的挫折只是我追逐梦想路上的小插曲而已。

模块三 球童工作压力和疲劳的产生与缓解

高尔夫球童是一个阳光的职业、高尚的职业，它集技术性、专业性、服务性于一身。作为一名高尔夫球童，首先要有强烈的事业心，热爱自己的本职工作，必须要有娴熟的专业技术，丰富的社会知识，思维敏捷、反应灵敏，具有较好的语言表达能力，遇事沉着，处理问题果断。由此看来，由于职业的特殊性容易导致球童的力不从心的疲劳感。

一、球童工作压力的产生

球童服务行业人员往往需要承担客人的不良情绪，而在工作环境中这些情绪又无处排解，久而久之，使他们精神压力很大。比如，高尔夫球童服务行业提倡微笑服务，提倡"顾客永远是对的"的行业精神，这些提法本身无可厚非，但是球童服务人员真要做到这些，需要付出很多心血和克制。

（一）工作环境

高尔夫球童长期从事球场服务工作，工作场所固定。不仅如此，还会遇到雷雨天气、高温天气，夏天的火热天气，长期在暴晒的情况下服务，对球童体力和心理耐受力都是一个很大的挑战。周到热情的服务工作。面对各种类型、各种心理状态的客人，在处理问题的过程中也可能会遭受委屈。在场下服务的场地条件也有差异，有山地球场，也有海滨型球场，球童要尽量避免各种不确定性的伤害，还要在不断奔跑的服务中做到热情、细心、周到。

球童是球会最直接接触客人的工作，球童的形象与服务质量直接体现球会的形象。另外，球童要面对形形色色的客人，烦琐劳累工作的同时，还要承受来自一些客人的刁难和挑剔；这些问题都使球童面临着一个重要的角色定位和心理调节能力问题。

（二）工作时间

球童工作时间往往是根据客人的时间安排或出发站安排的出场顺序决定的，不确定或经常发生变化，在场下的工作时间正常是4小时15分钟，有时也根据客人打球习惯和打球水平确定球童工作时间。所以，很多时候，到了午饭时间还在场下服务，只能把带的简餐囫囵吞几口或是干脆等工作完再吃。由于工作时间的不固定，导致吃饭、休息无规律，进而产生生理上的各种消极反应和不满情绪等。

二、引起疲劳的因素

现代人每天都过得特别充实，因为忙碌的工作占据了我们大部分的生活。在工作了一天之后总会感到莫名的疲劳，原因如下：

（一）生理疲劳

由于生理因素引起的疲劳称生理疲劳，它包括体力疲劳和脑力疲劳。

1. 体力疲劳

球童在场下服务时，不停地往返于球道和球车之间，来帮助客人取、送球杆。肌肉重复地持久收缩，因吃饭无定点，能量减少不能及时补充，造成体力下降，甚至不能正常服务的现象。例如"腰酸腿疼、四肢无力、又渴又饿"等症状。

2. 脑力疲劳

球童在服务中长时间注意力高度集中，紧张过度，引起脑部血液和氧气供应不足，大脑神经处于抑制状态，甚至头晕、精神恍惚。脑力疲劳往往先于体力疲劳。主要表现为头昏脑涨、食欲不振、记忆力下降、注意力不集中等。消除脑力疲劳的主要方法是适当参加体育活动，这也是被称为积极的休息。可做做操、散散步，但锻炼的强度不宜大，时间不宜过长。

3. 生理疲劳

长期压力过大会导致免疫力下降或功能紊乱，使机体各系统的功能处在一个较低的水平，机体抵抗外来病原的能力降低，人就极易生病。同时，重病、大病的发生概率也大大增加。

（二）心理疲劳

所谓心理疲劳是指长期从事一些单调、机械的工作，因缺少创造性和过于劳累致使球童对工作、对生活的热情和兴趣直线降低，直至产生厌倦情绪。

一般来说，心理疲劳比生理疲劳更为复杂，也更难以恢复。心理疲劳同生理疲劳一样，本身是一种阻遏性机制，迫使机体进入休息状态，从而避免受到继续伤害，对机体起着一定的保护作用。但如果此时人们未能正视这一点，不及时采取措施消除疲劳，而任其一再发展下去，过度的心理疲劳便会影响身体健康，甚至成为心脏病、高血压、肠胃病乃至癌症等疾病的致病因素。因此，对心理疲劳不可忽视，一旦由于心理压力大而自我感到疲劳不堪时，必须进行积极的心理调适和治疗。

1. 焦虑

这是最普遍的一种心理反应，是一种对不良后果的预期的复杂的情绪状态，包含恐惧、担心。焦虑在对付应激方面有积极的一面，它能充分挖掘人的潜能，调动球童工作的主观能动性；但也有不利的一面，也会使球童对工作感到绝望、心灰意冷、思考能力下降、目光短浅、决定草率。

2. 恐惧

这是一种对将受到伤害或威胁生命的不良预期和情绪反应。球童能感受到自己的危险处境，但无能力战胜它，因此是一种保护性反应。强烈而持久的恐惧，会使球童没有工作的动力、身心俱疲、得过且过。

3. 愤怒

自尊心一再受到打击，为排除阻碍或恢复自尊，往往会激起愤怒的情绪。愤怒的心理过程由不满到大怒，体内荷尔蒙会发生剧烈变化，如果不加劝阻，多伴随攻击性行为。怒火中烧的人可能会导致丧失理智、打人毁物的严重后果。

心理疲劳不仅降低球童学习与工作效率，而且对其心理健康也有一定的影响。长期的心理疲劳，使人心境抑郁，百无聊赖，心烦意乱，精疲力竭，进而引起心理性疾病。所以，心理疲劳是一个重要的心理保健问题，不可掉以轻心。

三、缓解球童工作压力、减轻疲劳的策略

良性压力会给球童带来促进活力和有力刺激，而消极的压力则会给人的机体带来不利的影响。判断压力是良性的还是消极的，从客观角度看，主要看这种压力是否影响了球童的活力？压力对从事球童的事业是促进还是阻碍？压力是否影响了球童的身心健康与生活习惯？可见，压力是一个受诸多因素影响的复杂过程，关键在于球童如何应对和处理压力。

（一）缓解工作压力的策略

1. 正确认识压力

压力无好坏之分。若视之为积极的、正面的，就可作为生命中的"生长素"促使球童个人成长。兴趣的产生与大脑皮层上的兴奋点相联系。球童每天重复场下服务工作，如果没有得到应有的鼓励和反馈，时间久了变得枯燥无味，所以，处理好各方面的人际关系就显得格外重要。

2. 增强体育锻炼

球童可以通过锻炼身体来减少压力，并抵消某些压力的有害的生理影响。推荐以下非竞技性活动，来作为对付压力感的方法。例如：慢跑、游泳、骑自行车、瑜伽、跳绳、踢毽子等，减少心理负担和压力。

3. 工作再设计

重新设计工作、可以给员工带来更多的责任感、更大的自主性和活力，使压力感消失于无形，可通过组建新搭档、轮换工作岗位、轮换值班时间，来增加新鲜感和工作兴趣。

（二）缓解疲劳的策略

1. 合理安排休息

人疲劳后必须休息，但是，应该科学地安排休息。很多球童不善于管理自己的时间。具体地说，如何根据工作和疲劳的情况，确定休息时间的长短、休息的频率以及什么时候开始休息，并不是一件简单的事。工作与休息的合理安排，对于提高工作效率、保证球童健康至关重要。

2. 提供充足的睡眠

提供足够的睡眠是消除疲劳，恢复球童工作能力的最重要方法之一。通过睡眠，可以将球童消耗的能量物质重新储备起来，将积累的代谢产物清除掉，只要不过度疲劳，通过足量的睡眠，球童就可以完全恢复到最佳状态。

3. 自我心理训练

自我心理训练，也称为自我心理调节，运用思维、情绪等心理因素的作用，对自己进行良好的心理暗示，使大脑产生美好的想象，抑制大脑的紧张状况，从而有利于消除疲劳，强身健体，提高工作效率。

（三）其他调试方法

1. 打高尔夫球练习

每天坚持打球的人都有至少一小时左右的时间眼睛直视远方，这对眼睛是很好的放松休息。在一场高尔夫球中，挥杆动作能大大增加对你大脑策略性、协调性以及专注力的锻炼。

改善颈肩不适：经常坐着工作的人，多多少少会有一些颈椎、肩部的问题，正确的打球姿势要求背部挺直放松，长期坚持能改善颈椎及肩部的紧张与不适，而身体的放松也会带动心理的放松与舒适。

改善血液循环：长期打高尔夫球，可改善新陈代谢，减低血脂和胆固醇水平。

调节心情：当你和好友一起打高尔夫球的时候，总是让你变得更加快乐。时刻拥有好心情的人，运气都不会太差。乐观的生活态度是一切健康的前提。

2. 音乐疗法

音乐作为一种艺术,是人情绪的一种表现方式。曲调和节奏不同的音乐,可以使人产生不同的情绪体验。音乐还能使人体分泌一些有益于健康的激素,起到调节血液流量和神经细胞兴奋的作用。

3. 放松训练法

放松训练是一种通过练习使身心放松的方法。放松训练可以帮助减轻或消除各种不良反应,且见效迅速。

【思考与讨论】

1. 引起球童压力的因素有哪些?
2. 引起球童疲劳的因素有哪些?
3. 作为球会服务人员如何缓解工作的压力和疲劳?

【拓展阅读】

中国运动健儿看电视听音乐舒缓压力备战奥运

对于平日训练紧张的中国高尔夫球健儿来说,电影和电视剧可以说已经是很陌生的事物。然而,在距北京奥运会即将开幕之时,看韩剧、武侠片竟然成了队员们晚上休息的活动之一。教练员认为,舒缓运动员压力,帮助他们放松身心也是备战奥运会的重中之重。

教练员在谈及中国高尔夫球健儿赛前准备时说,尽管中国高尔夫球项目近几年有了长足发展,回归了奥运会的大家庭,在北京奥运会上也会有不少看点,但队员用什么样的心态去参与和面对奥运会,仍然是一件非常重要的事,甚至直接影响到比赛成绩。他建议运动员要把奥运会作为世界锦标赛或其他赛事一样去比赛,用一种平常心,发挥出自己正常水平。他说,运动员应该在每个环节上集中精力,更多关注过程,而不是结果。比如准备活动关注什么,打球时关注什么。

国家体育总局针对运动员赛前的减压也进行了充分准备,发放各种音乐光盘,帮助队员放松和缓解压力。记者了解到,为给队员减压,在训练基地的板报上,删去了以往常有的高尔夫内容,更多地关注起国内外的政治问题,而教练员也有意识地加强与队员们闲谈式的交流。

模块四　球童常见的心理问题调适与保健

一、球童常见的心理问题及调适

由于我国球童普遍年龄都偏小，球童处于一个朝气蓬勃、充满活力的时期，很多人都是初次从家庭迈进社会，同时也是一个变化巨大、面临多种危机的时期。球会管理者或心理工作者应帮助球童改变一些不恰当的认知和态度，引导球童客观分析自己的现状，学会接纳自己，允许自己有缺点、有失败、有可能丢面子。完美的人不存在，不要过分苛求自己，也不要对外界寄托过多过高的期望，在行动和实践中增强信心，培养技巧。

（一）自我意识问题

高尔夫球童的自我意识问题，通常表现为自我认识偏低或偏高及其相应的体验。在球童工作中，具有自卑心理，自我评价偏低，缺乏勇气和信心，容易出现难以独当一面或有效开展工作的窘境。而具有自负心理的球童，由于自我评价偏高，容易忽视对打球客人的尊重与谦让，常常使客人感到盛气凌人、喜欢争辩，从而导致客我关系紧张。可见，不管是自卑还是自负心理，都会给球童服务工作带来不利影响。

1. 过度自卑
（1）过度自卑的表现

自卑感是对自己的服务表示不满、总是被领导批评、被停场、被罚款，往往是自尊心屡屡受挫的结果。这类的球童是对自我认识不客观，往往只看到自我缺点而忽略了自我的长处，不喜欢自己，不能容忍自己的缺点和弱点，否定、抱怨、指责自己，感到自己下场服务时总是有缺陷，不敢和客人沟通，处处回避，丧失信心。

（2）调适的方法

为了改变过度自卑，球童首先应对其危害有清醒的认识，有勇气和决心改变自己；其次应客观、正确、自觉地认识自己，欣赏自己所长，接纳自己所短；正确地表现自己，调整对自己的期望，区分长期目标和近期目标；正确对待得失，同时，对自己保持一定程度的宽容度。

2. 过度的自我接受

（1）过度自我接受的表现

过度自我接受是有点自我扩张的人，这类球童是高估自我，对自己的肯定评价往往有过之而无不及。他们放大自己的长处，甚至把缺点也视为长处，拿显微镜看他人的短处，把别人细微的短处找出来，他们的人际交往模式是"我在球场中服务时最好，没有人能超过我""我在球童中打球是最好的，你们都不如我，成绩可能比我好那也是机缘巧合而已"。过度自我肯定的人，容易产生盲目乐观情绪，自以为是，不易处理好人际关系。

（2）调适的方法

自尊心和自信心、好胜心、独立感等诸多形式都是自我意识发展的主要表现。要克服过度自我接受，首先，要看到自己的不足，承认自己也需要不断完善；其次，要看到他人的长处，欣赏他人的独特性；再次，多与他人交往，以开放的心态尊重和认真对待来自他人的反馈意见。

3. 过分追求完美

（1）过分追求完美的表现

追求完美的人对自己持过高的要求，期望自己完美无缺，却不顾自己的实际状况。此外，这类球童不能容忍自己"不完美"的表现，他们对自我十分苛刻，只接受自己理想中的"完美"的自我，不肯接纳现实中平凡的，或有缺点的自我，其后果往往适得其反，使其对自我的认识和适应更加困难。

（2）调适的方法

树立正确的认知观念，人不能十全十美，每个人都有优缺点。一个人应该接纳自己的缺点，并肯定自己的价值，不自以为是，也不妄自菲薄。

设定短期合理目标，实际上，当你不追求完美，而只是希望表现良好时，往往会出乎意料地取得最佳成绩。寻找一件自己完全有能力做好的事，然后去把它做好。这样你的心情就会轻松自然，行事也会较有信心，感到自己更有创造力和更有成效。你的生活也会因此而丰富起来，变得富有色彩。

（二）情绪问题

情绪问题是由于客观事物不能满足主体需要而产生的一种不良身心状态。与其他行业工作相比，球童工作具有客我交往不对等性、服务对象身份、性格多样复杂、频繁流动、服务内容琐屑、繁杂等特点，这些使得高尔夫球童不仅要承受工作繁忙之压力，还要时常承受客我交往中客人因不满而表现出的消极情绪，如指责、命令、轻视、训斥，甚至谩骂、肢体冲突等。

1. 最佳的情绪状态、最高的职业意识

随着时代的变化，球童服务的定义也在不断发展，现在对球童服务也从传统的"伺候人"转变到"专业人士"。只有正确地认识球童服务的重要性，才能使球童在工作中产生极大的热情。

（1）球童服务人员有强烈的角色意识

在社会交往中，球童扮演的是社会角色，其角色规范和要求是比较严格的，服从客人是他们的"天职"。双方之间存在提供服务与接受服务的关系，但是在人格上是平等的。因此，在服务中，球童必须有强烈的服务意识，才能正确地对待和理解和客人之间的"平起平坐"的问题。球童秉承的信念是要在平凡的工作岗位上，不断地进取，保持持久的热情，做出不平凡的成绩来。

（2）保持外在形象美

球童在服务客人打球时是具有欣赏性的，其直接影响着服务的美感程度。球童在保持外在形象美的同时，也能使客人产生好的打球状态和愉悦心情。讲究外在形象美，对球童良好情绪的形成具有一定的支持性。球童在下场前都要认真地检查自己的仪容仪表，以美好的形象出现在工作岗位上。

2. 不良情绪的调适和控制

（1）重视培训

每一个球童初到新球场时，都要经过几个月的业务上岗培训。培训内容大致有企业文化、球技知识、高尔夫规则、礼仪等。通过这些知识的培训，大家可以迅速了解自己的工作职责和工作范围，从而很快适应工作环境。

（2）注重和有经验的同事交流

与工作时间长、有经验的球童交流可以迅速使你了解球童工作的特点，缩短工作适应期。不仅如此，由于有经验的球童都有一套自己总结出来的工作经验，和他们交流会对你有所启发。

（3）腿勤、口勤、手勤、脑勤

口勤指的是不懂就问，不要怕问的问题不合适被别人耻笑，谁都有一个从不懂到懂的适应时期。

腿勤指的是你在熟悉球场的过程中，要勤下场去走走，加深对每一个球道的了解。

手勤指的是在学习和下场熟悉球道过程中，要多做笔记，因为人都会遗忘，所以光凭脑子记是不行的。

脑勤指的是要多想，常把学过的东西像过电影一样在脑子里过一遍，以求熟记、牢记。

（4）迅速进入角色，缩短适应期

在每一个球场，我们都会看到，即便是同一天参加培训，工作资历完全相同的球童，几个月培训下来，有些已经达到 A 级水平，有些则勉强达到 B 级。除了每个人的能力有差异之外，能不能在很短的时间内适应球童工作，是一个很重要的因素。有些球童能够主动进入角色，根据新工作的要求，全情投入，主动从中学习，因此就适应得快。而有些球童很被动，有人监督时，工作上会主动一些，没有人监督时，会想办法偷懒。这种人是无论如何也做不好球童的。所以，球童应该在开始培训的第一天起就要全情投入，主动地、积极地学习。因为，球童工作是一个独立性很强的工作，必须靠自己，不要依靠别人。

（5）在球童岗位上发展自己

球童工作是一个能够使自己得到很好发展的岗位。这方面的例子很多，德国的世界名将兰格在成为职业球员之前就是著名的球童，我国著名球员张连伟也是从做球童开始做起。在深圳，有很多优秀球童的打球水平是单差点。所以，在球童岗位上，最主要的工作有两项，一是做好服务工作，二是自我发展，而要寻求最快的发展，就要有发展的意识，要给自己一点想法。

3. 人际关系问题

但凡有人群的地方，就一定有人际关系，就有形形色色的、性格迥异的人。高尔夫球会就如同一个小社会，大也罢，小也罢，每个球童的周边一定有各种需求的同事。追求不同、性格不同、成长的家庭环境不同、经济基础不同、文化层次不同，也就造就了同事未必同"志"。所以，对于这种情况，球童要顺其自然地处理各种人际关系。

（1）同事之间的人际关系

球童在工作、生活中，如果具有不良个性，不仅容易与管理者、同事和客人发生矛盾与冲突，造成人际关系紧张，给工作带来不便、麻烦，甚至严重后果，还会因自身不良的人际关系加剧自我的个性和心理冲突。因此，关注球童的个性问题是保障和提高球会服务质量不容忽视的一个重要举措。

（2）客我之间的人际关系

球童人际关系问题是指人与人交往中产生的心理摩擦与冲突。高尔夫球童的人际关系问题源于工作中的人际交往。球童在服务中与客人缺乏沟通、服务不到位、拿球杆不准确等，不仅造成客人和球童之间不良情绪的产生，还会造成球童的心理障碍。球童在服务客人时，要使自己性格逐渐变得开朗、豁达，保持正常的人际交往心态。

（3）不良人际关系的调适

现实生活中，人与人之间都有差异。每个球童都有自己的个性、习惯和观点。每个球童在人际交往中都会遇到一些不和谐的情况，彼此交往之中会产生各种矛盾冲突或纠葛，要适应，就得容忍差异的存在。人无完人，既要能容忍自己的不足和差错，也要能容忍他人的不足和差错。尊重他人，诚恳、谦虚待他人，求同存异，随时调整自己的态度和情感反应，提高自己的人际交往技巧，尽全力与他人建立起友好的、协调的人际关系。

二、掌握人际交往技巧，提高球童自我调节能力

人际沟通是人与人之间传递信息、传递思想、传达情感的过程，是一个人获得他人思想、情感、见解、价值观的一种途径，是人与人之间交往的一座桥梁，通过这座桥梁，人们可以分享彼此的情感和知识，消除误会，增进了解，达成共同认识或共同协议。

（一）正确认识和评价自己

一个心理健康的球童应该具有正确的自我认知，服务客人时总免不了人际交往，要使自己克服人际交往心理障碍。让自己性情变得开朗，主动和客人沟通交流，把握一定的交往原则、方法和技巧，保持正确的交往心态。如果球童不能正确地认识自己，看不到自己的优点，觉得处处不如别人，就会产生自卑感，丧失信心，做事畏缩不前。相反，过分高估自己，就会骄傲自大、盲目乐观，容易导致工作的失误。因此，实事求是地评价自己，是球童自我调节和人格完善的重要前提。

（二）建立和谐的人际关系和沟通渠道

建立良好的人际关系，是维护高尔夫球童心理健康的最好方法之一。企业中，友好、融洽的上下级关系、同事关系可以创造和谐的人际交往氛围，使每一位员工心情舒畅、精神焕发，让整个企业成为和睦的大家庭。彼此信任、尊重，互相理解、谦让、体谅，相互支持，共同进步，创造充满正能量的企业文化氛围。

球童应对日常繁杂工作，常会产生不如意、愤怒、压抑、紧张的情绪。这时应注意及时排遣，以避免日久积累产生的不健康心理。球童服务工作者每天要接触大量形形色色的人和事，自然会遇到许多困难、矛盾、摩擦、挫折等，因此加强意志磨炼显得十分重要。

(三) 重视情绪管理、保持成熟心态

情绪管理指对自我情绪的调控。高尔夫球童工作接人待物的层次、性格复杂多样，要求球童必须重视情绪管理、保持成熟心态，以提高服务质量。主要措施有：冷静深思、改变思维、自我暗示、自我控制、转移注意力、适度宣泄等。

合理宣泄是利用和创造某种条件，以合理的方式把压抑的情绪表达出来，以减轻或消除心理压力，稳定思想情绪。

这是球童工作遇到不管是意料之中，还是意外、突发性事件时，行之有效的缓解心理和情绪压力的办法。主要方式有：哭泣、倾诉、运动、书写、唱歌等。球童每天面对繁重的工作和种种压力，尽可能养成规律的生活的好习惯。具体来说，不吸烟、不酗酒，吃早餐，保证足够的睡眠、锻炼身体、控制体重。劳逸有节、营养均衡的生活不仅自身会感到畅快，同时也会给家人及身边的同事带来快乐。

【思考与讨论】

1. 球童常见的心理问题有哪些？
2. 球童如何提高自我调节能力？
3. 球童如何正确地进行情绪管理、保持成熟心态？

【拓展阅读】

人际"智囊团"

"brain trust"是"智囊团"的意思，其目的就在于增进你的智慧。美国罗斯福总统在位时，曾实行所谓"新经济政策"，而他的经济参谋团就称为"brain trust"，其在国家实行计划经济或战士经济上，占有非常重要的地位。至于平时，我们可以把它当作"私人或者团体核心顾问"。

人事资料，就是你的"智囊团"。因为它可以增进你的智慧，强化你的交往能力，使你顺利完成人生的使命。

人类的思想，常在不知不觉中转变，所以一个"才力"充足的智囊团，对决策者是有很大影响的。不管是什么人，只要看他的智囊团的水平和能量，就可以判断其未来的前程。

所以，人们应该从自己日常的交往中去把握人际关系，并充分发挥"智囊团"的功能。尤其是一个有远大理想的人，更应该格外注意。

附录
高尔夫球服务心理常用术语
（中英对照）

序号	中文词汇	英文对照
1	本能	instinct
2	差点指数	handicap
3	长期记忆	long-term memory（LTM）
4	成就需求	achievement need
5	成熟	maturation
6	冲突	conflict
7	挫折	setbacks/frustration
8	错觉	delusion
9	胆汁质	choleric temperament
10	倒推	working backward
11	第二性征	secondary sex characteristics
12	第一性征	primary sex characteristics
13	动机	motive
14	短期记忆	short-term memory（STM）
15	多血质	sanguineous temperament
16	发展	development
17	非条件反射	unconditioned reflex

续表

序号	中文词汇	英文对照
18	服务	sevice
19	概念	concept
20	感觉	sensation
21	感觉记忆	sensory memory（SM）
22	高尔夫球场	golf course
23	高尔夫球员	golf player
24	个案研究	case study
25	关键词	key word
26	关键期	critical period
27	观察	observation
28	后天	nurture
29	幻觉	illusion
30	霍桑效应	Hawthorne Effect
31	记忆	memory
32	焦虑	anxiety
33	马斯洛需求原理	Maslow's Demand Principle
34	内省	introspection
35	内在动机	intrinsic motive
36	平衡	equilibrium
37	普通心理学	general psychology
38	气质	temperament
39	潜意识	unconsciousness
40	情绪	emotions
41	球童	caddie
42	驱力	drive

续表

序号	中文词汇	英文对照
43	人格	personality
44	认同	identification
45	认同危机	identity crisis
46	认知	cognition
47	认知方式	cognitive style
48	认知过程	cognitive process
49	认知结构	cognitive structure
50	（认知）评估	cognitive appraisal
51	认知心理学	cognitive psychology
52	社会心理学	social psychology
53	生理	physiology
54	（生理）激发	arousal
55	适应	adaptation
56	属性	property
57	特征	feature
58	条件反射	conditioned reflex（CR）
59	调查	survey
60	调适，调节	accommodation
61	同化	assimilation
62	外在动机	extrinsic motive
63	无意注意	unintentional
64	先天	nature
65	相对阈限	relative limen
66	心理测验	psychological test
67	心理动力	psycho-dynamics

续表

序号	中文词汇	英文对照
68	心理防御	psychological defense
69	心理分析	psychoanalysis
70	心理过程	mental process
71	心理活动	mental activity
72	心理健康	psychological health
73	心理现象	mental phenomenon
74	心理学	psychology
75	心理状态	mental state
76	需求	need
77	需求层级	hierarchy of needs
78	学习	learning
79	依附	attachment
80	遗传	heredity
81	抑郁质	melancholic temperament
82	意识	consciousness
83	有意后注意	post voluntary attention
84	有意注意	conscious attention
85	诱因	incentive
86	预示（激发）	priming
87	阈限	limen
88	原型	prototype
89	运作记忆	working memory（WM）
90	责任意识	sense of responsibility
91	黏液质	phlegmatic temperament
92	长期记忆	long-term memory（LTM）

续表

序号	中文词汇	英文对照
93	知觉	perception
94	种属特有行为	species-specific
95	注意	attention
96	自我观察	self-observation
97	自我实现	self-actualization
98	自我效能期望	self-efficiency expectancy
99	自由意志	free will
100	组织	organization

参考文献

[1] 郭凤,赵晓硕.民航服务心理与实务[M].北京:国防工业出版社,2015.
[2] 程春旺.酒店服务心理学[M].北京:国防工业出版社,2015.
[3] 彭聃玲.普通心理学(修订版)[M].北京:北京师范大学出版社,2007.
[4] 李觊.态度决定服务质量[M].北京:北京科学技术出版社,2004.
[5] 张林.态度与行为[M].杭州:浙江大学出版社,2015.
[6] 向莉,周科慧.民航服务心理学[M].北京:国防工业出版社,2014.
[7] 王赫男,杨海.饭店服务心理学(第2版)[M].北京:电子工业出版社,2013.
[8] 叶奕乾.心理学[M].北京:中央广播电视大学出版社,1995.
[9] 魏忠发,李芳.高尔夫球童服务实务[M].北京:人民体育出版社,2015.

策　　划：李红丽
责任编辑：于胭梅

图书在版编目（CIP）数据

高尔夫球服务心理实务 / 魏忠发主编. -- 北京：旅游教育出版社，2019.1
　　高尔夫运动及管理专业规划教材
　　ISBN 978-7-5637-3876-2

Ⅰ．①高… Ⅱ．①魏… Ⅲ．①高尔夫球运动－商业心理学－高等学校－教材 Ⅳ．①G849.3

中国版本图书馆CIP数据核字（2019）第020071号

高尔夫运动及管理专业规划教材

高尔夫球服务心理实务

主　编　魏忠发
副主编　李　芳　李国婷　穆　雪
参　编　董德杰　王　鹏　杨伟红　郑　丽

出版单位	旅游教育出版社
地　　址	北京市朝阳区定福庄南里1号
邮　　编	100024
发行电话	（010）65778403　65728372　65767462（传真）
本社网址	www.tepcb.com
E - mail	tepfx@163.com
排版单位	北京旅教文化传播有限公司
印刷单位	北京柏力行彩印有限公司
经销单位	新华书店
开　　本	710毫米×1000毫米　1/16
印　　张	10
字　　数	145千字
版　　次	2019年1月第1版
印　　次	2019年1月第1次印刷
定　　价	45.00元

（图书如有装订差错请与发行部联系）